Alianças de Junco

um lindo caso de amor!

Roberto de Carvalho
pelo espírito Basílio

Alianças de Junco

um lindo caso de amor!

Aliança

2ª edição, Junho/2017, do 19º ao 20º milheiro.

TÍTULO
Alianças de Junco

AUTOR
Roberto de Carvalho / Basílio

REVISOR
Maria Aparecida do Amaral

DIAGRAMAÇÃO
Jayres Gomes

CAPA
Jayres Gomes

IMPRESSÃO
Graphium Editora Ltda.

FICHA CATALOGRÁFICA

Dados Internacionais de Catalogação na Publicação (CIP)
(Câmara Brasileira do Livro, SP, Brasil)

Basílio (Espírito).
Alianças de Junco / pelo Espírito Basílio;
[psicofragado por] Roberto de Carvalho.
-- São Paulo : Editora Aliança, 2017.

ISBN 978-85-7008-088-2 224 págs.

1.Espiritismo 2. Psicografia 3.Romance espírita
I. Carvalho, Roberto de. II. Título.

CDD-133.9

ÍNDICE PARA CATÁLOGO SISTEMÁTICO

1. Romance espírita psicografado: Espiritismo 133.9

EDITORA ALIANÇA
Rua Major Diogo, 511 - Bela Vista - São Paulo - SP
CEP 01324-001 | Tel.:(11) 2105-2600
www.editoraalianca.com.br | editora@editoraalianca.com.br

Sumário

Esclarecimento

A história que se segue, embora narrada em estilo de romance, é verídica e bastante recente. Cenários e nomes de personagens foram trocados por questões estritamente éticas.

No entanto, a manifestação espiritual que a desencadeou ocorreu no mês de junho, do ano de 2005, durante uma reunião mediúnica, na Sociedade Espírita de Assistência Rodrigues de Abreu[1], no bairro Vila Carrão, município de São Paulo.

Dirigia o trabalho o senhor Itamar Amorim, e a doutora Renata Maria Luiza foi a médium que serviu de interlocutora do Espírito denominado Geraldo nesta narrativa. Completavam o grupo mediúnico doze trabalhadores, dentre os quais o senhor Roberto de Carvalho a quem foi confiada a tarefa de trazer a lume esta narrativa, cujo objetivo é reforçar a afirmativa constante nos livros da Codificação Espírita de que o intercâmbio entre o mundo material e o espiritual ocorre com muito mais frequência do que se pode supor, e que os malefícios impostos aos encarnados são, quase sempre, originados em questões que envolvem as duas esferas.

---

[1] Hoje extinta.

Resta-nos vibrar para que o trabalho realizado alcance êxito e sirva de esclarecimento àqueles que buscam uma resposta para a causa de seus sofrimentos, mas que não conseguem encontrá-la no campo material.

Que Deus nos abençoe a todos!

Basílio

Introdução

As experiências vivenciadas nas sessões de desobsessão, quando o grupo que se propõe ao trabalho é formado por pessoas comprometidas tão somente com a caridade e o amor fraternal, são altamente esclarecedoras e eficazes. O atendimento aos Espíritos necessitados, realizado por equipes de dedicados socorristas da esfera espiritual, que se juntam aos médiuns predispostos a servirem, é feito com muito amor e boa vontade.

Esses servidores espirituais cuidam dos enfermos, buscando amenizar os seus infortúnios, aliviando as suas dores e conduzindo-os às colônias de recuperação existentes naquele plano. É a grande prova de que a caridade e o amor ao próximo são o que de melhor existe na natureza humana, independentemente de o indivíduo estar encarnado ou desencarnado.

Inúmeras caravanas espirituais se fazem presentes nessas reuniões, a fim de oferecerem auxílio e, comumente, legiões inteiras de entidades sofredoras são atendidas por médicos, enfermeiros e orientadores, que procuram esclarecer as suas dúvidas, mostrando-lhes que o fim de todo sofrimento só é possível por meio da prática dos ensinamentos que Jesus nos deixou.

Embora pareça evidente essa afirmativa, é surpreendente a quantidade de desencarnados que desconhecem ou que se recusam a aceitar a própria realidade. Muitos nem se dão conta de que já desencarnaram e, por isso, continuam ostentando seus corpos em farrapos, com feridas expostas e purgativas, vagando pelo Umbral, atolados em pântanos fétidos, escondidos em grutas obscuras, confusos e revoltados. Outros são prisioneiros escravizados por líderes impiedosos que, aproveitando-se de suas fraquezas, subjugam-nos cruelmente.

Entretanto, a condição mais lamentável é justamente daqueles que se tornam prisioneiros de si mesmos, ou seja, de seus rancores pessoais e que perdem muito tempo alimentando o fel de um ódio possessivo e completamente inútil. Esses Espíritos paralisam a sua vida num determinado ponto, congelam a imagem negativa de uma situação em que se tornaram (ou em que pensam terem sido) vítimas e se entregam à tarefa de uma vingança pessoal por meio da obsessão.

Por isso, é comum que esses infelizes se sintam tão perdidos e tomem um grande susto quando se dão conta de todo o tempo que perderam inutilmente, pois, independentemente do que tenha se passado e do tempo decorrido, o resgate terá que ser feito. As divergências terão que ser sanadas. O amor deverá prevalecer sempre. Um dia, acabam entendendo que durante todo aquele período de inércia não houve evolução alguma, só sofrimento; e que será necessário um imensurável esforço para recuperar o tempo perdido.

O egoísmo tem sido a tônica de todos os males que afetam a humanidade e o homem é a maior vítima de suas próprias imperfeições. Todos os sentimentos se manifestam por meio de uma energia que se propaga pelo espaço, mas que sempre retorna para quem a projetou. Tudo que é externado por um indivíduo acaba voltando para ele próprio. A maior vítima de todo sentimento negativo é aquele que o cultiva, assim como o beneficiado pelo bom sentimento emitido é o mesmo indivíduo que o emite.

O ensinamento de Jesus é tão simples quanto natural, mas é incrível a incapacidade de colocá-lo em prática: "Tratai todos os homens da mesma forma que quereríeis que eles vos tratassem" – bastaria isto para não haver pecado ou pecador, vítima ou algoz.

No entanto, o egoísmo que vive arraigado à natureza humana nos faz pensar que as nossas atitudes, por mais mesquinhas que sejam, são sempre perdoáveis, se somos nós que as praticamos. Mas, totalmente inaceitáveis, se alguém as pratica contra nós. É esse egoísmo inconsequente que abre profundos abismos entre os homens e se manifesta como malignas ulcerações a corroerem tanto a alma quanto o corpo, provocando enfermidades e sofrimentos insuportáveis à humanidade.

Tais situações são comumente expostas nos trabalhos de desobsessão, quando, por meio de manifestações mediúnicas, Espíritos atordoados pelo sofrimento desabafam as suas angústias, expõem as suas revoltas e narram histórias que, nem sempre, condizem com a realidade, ou com aquilo que eles julgam ser real. Ao final, descobre-se que aquele que se diz vítima de um desafeto é, quase sempre, o responsável pelo seu próprio infortúnio.

No entanto, a conscientização de tal fato é complicada, porque o orgulho não permite a aceitação da própria culpa e a cegueira causada pelo ódio impede a possibilidade do raciocínio lógico. Além disso, dentro dos padrões hipócritas que norteiam a maioria das almas em expiação, é bem mais confortável estar-se na condição de vítima do que de algoz.

Tudo isso vem mostrar que o homem, tanto em seus períodos de encarnado, quanto nos de desencarnado, passa pelas mesmas provações e precisa lutar contra as suas ancestrais fraquezas e vencê-las. A paz e a felicidade que todos almejam só serão alcançadas, se erigidas dentro da nossa própria alma.

Não existe uma fortaleza que livre o homem do sofrimento, senão aquela construída por ele mesmo, por meio de sua evolução moral, de sua renúncia ao egoísmo e do aperfeiçoamento de suas atitudes cotidianas. Essa fortaleza só começa a ser edificada quando o homem renuncia a si mesmo e passa a cultivar o amor incondicional. Somente quando começa a se preocupar com o próximo é que o homem está, verdadeiramente, cuidando de si.

Primeira Parte

Os socorristas

1 — Manifestação

Infeliz daquele que diz: "Eu jamais perdoarei!", porque, se não for condenado pelos homens, o será certamente por Deus. Com que direito pedirá perdão de suas próprias faltas, se ele mesmo não perdoa aos outros?

ESE[2] *– Cap. X, item 4*

Um gemido rouco interrompeu a calmaria do ambiente. O clima ficou tenso. Os médiuns sentiram no ar uma súbita mudança vibracional, uma manifestação de sentimentos antagônicos que ao mesmo tempo se atraíam e se repeliam. De um lado, o amor, a caridade e a dedicação de corações dispostos a se doarem; do outro, uma infelicidade gritante, sofrimento, dor, ódio... De um lado, luz; do outro, trevas.

O Espírito que se apresentou naquele trabalho de desobsessão, manifestando-se pela voz de um dos médiuns, queixava-se, com revolta, de ter sido levado à força até aquele local. O dirigente da sessão, médium vidente, deu-lhe as boas-vindas em nome de Jesus e perguntou-lhe o que desejava.

---

[2] *O Evangelho segundo o Espiritismo – Allan Kardec.*

— Desejo ir embora daqui, agora! – respondeu a entidade com irritação.

— E por que não vai, meu irmão? – perguntou o dirigente num tom de voz brando, quase paternal.

— Porque estou amarrado, ora bolas!

— Você não está amarrado, nem foi trazido à força. Na verdade, está aqui porque sabe que é um ambiente de socorro e seu coração já não suporta mais tanto sofrimento.

— Quem lhe disse que eu estou sofrendo?

— Não preciso que me digam. Quem vem a um lugar desses é porque necessita de amparo. Deixe de lado esse orgulho. Aceite a ajuda dessa equipe que só lhe deseja o bem e comece a mudar os seus conceitos...

— Quem está sofrendo é o miserável que me matou, para ficar com a minha mulher e com os meus bens – disse o Espírito com um riso sarcástico.

Nesse momento, o orientador, por meio de sua clarividência, notou que o homem de quem o manifestante se queixava, embora se encontrasse encarnado, estava tão ligado mentalmente a ele que se fazia visível ali no ambiente.

— Por que você não liberta logo esse homem do seu ódio e aceita o auxílio dos médicos, para que eles possam cuidar dessa ferida horrível em sua barriga? – indagou o dirigente.

— Porque eu o odeio e esta ferida serve para alimentar ainda mais o meu ódio! Este homem me traiu.

Ele dizia ser meu amigo, frequentava a minha casa, comia na minha mesa, mas me matou. Foi ele que me fez este estrago. Matou-me com uma facada, para ficar com a minha mulher... Teve filhos com ela... Eu o odeio e vou acabar com ele!

O Centro Espírita onde o trabalho se realizava, apesar de suas modestas acomodações no porão de uma Casa de Atendimento ao Idoso, num bairro periférico da cidade de São Paulo, era muito atuante em seus trabalhos de socorro espiritual. Ali, os atendimentos aos encarnados eram realizados aos domingos e às quartas-feiras.

Embora pequeno em seu espaço físico, mais de uma centena de homens, mulheres e crianças eram atendidos semanalmente naquele Centro, acompanhando as palestras – sempre fundamentadas em *o Evangelho segundo o Espiritismo* e nos preceitos básicos da Doutrina Espírita – recebendo os passes magnéticos e o tratamento espiritual indicado pelos mentores da Casa.

Devido à expansão da demanda, o dirigente do Centro foi orientado pelos mentores a ampliar o atendimento aos desencarnados, implantando ali o trabalho de desobsessão. Dessa forma, reuniu-se um coeso grupo de médiuns comprometidos com a Doutrina, todos trabalhadores daquele Centro. A preparação se deu por meio de um longo período de estudos e orações, em ininterruptas reuniões semanais. Mais tarde, com os integrantes preparados, o plano espiritual autorizou o início do trabalho, que passou a ser realizado nas quintas-feiras, à noite.

Implantadas as sessões, inúmeras foram as manifestações ali presenciadas: Espíritos desorientados, raivosos e ignorantes; outros arrependidos, remoendo remorsos por más ações cometidas. Suicidas, bêbados, drogados... Todos tratados com carinho e dedicação, indiscriminadamente acolhidos nos corações dos servidores com o mais puro sentimento de amor fraternal.

Orientados sobre as suas condições deploráveis, essas entidades raramente se recusavam a aceitar ajuda. A grande maioria, uma vez sanadas as suas dúvidas, se deixava conduzir pelos socorristas às colônias assistenciais existentes no plano espiritual. Outras vezes, manifestavam-se Espíritos elevados, que discorriam sobre temas doutrinários com perfeita clareza e discernimento. Aconselhavam socorristas e atendidos, pregavam o amor e a caridade como pilares dos ensinamentos de Jesus e a todos emocionavam profundamente.

Naquela noite, como de praxe, o dirigente do grupo havia feito a leitura do evangelho e, após um breve comentário sobre o tema escolhido: "Perdoai para que Deus vos perdoe", emitira a oração de abertura da reunião, rogando o amparo e a orientação das equipes espirituais ali presentes.

O ambiente, totalmente envolvido pelos bons fluidos que emanavam da equipe mediúnica, sugeria paz. Havia uma suave penumbra com apenas uma discreta luminosidade clareando o pequeno aposento. A música *Ave Maria*, executada num aparelho de som, num volume bastante baixo, era mais sentida do que ouvida por trabalhadores e assistidos.

O dirigente do trabalho, envolvido pelo mentor espiritual, num tom de voz suave e pausado, havia pedido no início dos trabalhos:

— Que seja permitida a percepção dos Espíritos. A aproximação. O contato e o envolvimento. Que sejam lançados os fluidos para que nossos irmãos se manifestem!

Após alguns segundos de quietude, começaram as manifestações. Três Espíritos se apresentaram de forma clara naquela noite. Um deles estava completamente embriagado; havia sido atropelado por um veículo pesado e nem se dera conta de que estava desencarnado. Sedento, dominado ainda pelo vício cultivado durante anos, procurava um lugar onde pudesse tomar um trago.

Outro, com voz apagada, quase inaudível, disse estar ali para aprender, pois vivera sua última encarnação na ignorância das coisas espirituais e desencarnara com a ilusão de que a morte poria fim aos seus problemas. Ao encontrar-se vivo do outro lado, ficou desorientado, sem saber que rumo tomar.

— Venho sempre aqui – disse ele. — Mas, assim como a maioria dos presentes, prefiro ficar quietinho no meu canto, apenas observando e aprendendo. As suas reuniões têm sido de grande serventia para mim, pois, além de esclarecerem as minhas dúvidas, aliviam as minhas dores.

Esses dois Espíritos, juntamente com outros que ali estavam, foram encaminhados às colônias de assistência e esclarecimentos. Após breve período de silêncio, manifestou-se o Espírito revoltado que alegava ter sido assassinado por seu melhor amigo.

A função da equipe de um trabalho de desobsessão é emitir bons fluidos aos que precisam de auxílio, por meio da doação do amor fraternal. Durante toda a sessão, as mentes devem se manter ligadas aos Espíritos superiores e os corações devem estar repletos de compaixão para com os enfermos, independentemente da condição em que se apresentem. Somente este sincero ato de caridade será capaz de tirá-los momentaneamente do martírio em que se encontram e, assim, convencê-los de que vale a pena aceitar o auxílio oferecido pelos socorristas.

Entretanto, é muito difícil para o ser humano não conceber um pré-julgamento diante de uma pessoa que mata seu melhor amigo com o intuito de tomar-lhe a esposa e os bens. Se o médium se permitir levar pelos pensamentos antifraternos e precipitados que as palavras do queixoso sugerem, concluirá que é melhor que o traidor fique lá, acorrentado ao Espírito vingativo e que sofra as consequências de suas maldades.

Mas os médiuns que se comprometem com o trabalho fraterno sabem que não estão ali para julgar ninguém. Têm a consciência de que toda vez que houver uma vítima haverá, obrigatoriamente, um algoz, mas que, para os Espíritos menos esclarecidos, esses papéis se invertem constantemente durante as suas encarnações, causando-lhes grandes transtornos.

Portanto, a única forma de ajudar é emitindo sentimentos de amor incondicional, tanto para um quanto para o outro. É inadmissível, pois, condenar-se definitivamente uma pessoa que tenha cometido erros, uma vez que a imperfeição é característica intrínseca à natureza humana e que o destino de todos é a evolução moral. Quando Deus concedeu ao homem o livre-arbítrio, deu-lhe também o direito de errar. Portanto, negar o perdão é agir contra a própria lei divina.

O que não quer dizer existirem compensações para quem permanece no erro; a justiça está no fato de que aqueles que muito erram, muito sofrem, pois por causa de suas más atitudes, acabam criando os seus próprios infortúnios.

No decorrer do diálogo que se travou entre o atendido e o orientador, a história foi se esclarecendo e mostrou um ângulo bem diferente do que fora proposto pelo reclamante.

— Você está muito confuso, meu irmão! A história não é bem esta – explicou o dirigente.

— Não estou confuso coisa alguma. Este sujeito me matou. Por isso eu vou acabar com a vida dele também e...

— Você não se lembra mesmo do que aconteceu? – interrompeu-o o orientador.

— É claro que eu me lembro. Ele me matou. Foi isso que aconteceu.

— Que ele lhe matou é verdade. Mas o que aquele revólver estava fazendo na sua mão? Quem estava com intenção de matar? Quem teria sido assassinado, se a arma não tivesse falhado na hora do disparo? Por acaso aquele punhal não era seu e só foi usado para a autodefesa do rapaz que você queria matar?

— São apenas detalhes – retrucou o queixoso, depois de um breve silêncio. — Quer dizer que eu sou assassinado e o culpado sou eu? E por que ele ficou com a minha mulher?

— Ficou porque eles se amavam. Sempre se amaram e você sabia disso quando forçou aquela situação para que ela se casasse com você. Mas não foi por amor que você fez isso, lembra-se? Fez por vingança, por inveja e por maldade, meu irmão! – falou o dirigente, com voz firme, mas de modo sereno e amigável, para não aumentar ainda mais a ira do manifestante e não atrapalhar o delicado trabalho de esclarecimento que começava a surtir efeito.

Nesse momento, o atendido silenciou, como se tentasse raciocinar sobre o que lhe era dito. O dirigente do trabalho aproveitou a trégua para solicitar aos bons

Espíritos que lhe projetassem no campo mental a trajetória de seus atos. Que esclarecessem a ele o porquê do seu próprio sofrimento. E as imagens passaram a ser reprisadas na mente do manifestante, que a tudo assistiu em silêncio.

Segunda Parte

A ofensa

2 — Afeição

A Natureza deu ao homem a necessidade de amar e ser amado. Um dos maiores gozos que lhe são concedidos na Terra é o de encontrar corações que simpatizam com o seu.

LE[3] – Questão 938

A cidadezinha, localizada no estado de Minas Gerais, não possuía mais do que dez mil habitantes. Sua fonte de economia baseava-se, principalmente, na pecuária e na agricultura. Ali, uns poucos fazendeiros eram proprietários de imensos latifúndios e quase todos os demais moradores trabalhavam para esses latifundiários. Era um povo, de um modo geral, pacífico e alegre. Apesar das precárias condições econômicas da grande maioria, sentiam-se realizados e agradeciam a Deus pela oportunidade de terem o suficiente para suprir as suas necessidades.

As orações de agradecimento se realizavam, para um maior número de moradores, na igreja de Nossa Senhora do Carmo, padroeira da cidade, nas missas domingueiras, celebradas pelo padre Victor. Para uma

---

[3] *O Livro dos Espíritos – Allan Kardec.*

parcela menor, as louvações aconteciam na Assembleia de Deus, sob o comando do pastor Davi e, para um grupo bem mais reduzido, os cultos eram feitos no terreiro do Pai Saú, juntamente com oferendas, danças, batucadas e cantorias.

Quase todos os fins de semana eram realizados, nas casas dos alegres agricultores, animadíssimos bailes ao som de sanfona, viola, atabaques e pandeiros. Os cômodos destinados à dança eram tradicionalmente iluminados por lampiões a querosene e essas festanças geralmente varavam a madrugada.

Quase não havia incidentes nesses encontros, já que o único objetivo da grande maioria era unicamente a diversão. Entretanto, em meio aos homens pacatos e recatados que ali habitavam, havia aqueles mais embrutecidos, que não abriam mão de portar suas armas. Esses não pensavam duas vezes antes de resolver as desavenças sempre de maneira cruel e violenta, travando verdadeiros duelos, quase sempre fatais.

Mas tais crimes dificilmente chegavam às esferas judiciais, ficando o criminoso quase sempre impune. A justificativa era sempre a mesma: "lavar com sangue a honra maculada".

Foi nesse ambiente ruralista que nasceram e cresceram Geraldo, Pedro e Lúcia. Apesar de suas condições sociais diferenciadas, sempre se trataram como irmãos e partilharam todas as peraltices e venturas da infância. Geraldo, órfão de mãe desde o berço, menino rico, mimado e vaidoso. Seu pai, Gumercindo, era um dos fazendeiros mais poderosos daqueles arredores.

Pedro, rapazinho pobre e humilde; filho de agricultores. Desde muito cedo, observando e auxiliando os pais na árdua tarefa de cavoucar sustento por meio do trabalho braçal, tornou-se precocemente responsável e bastante amadurecido. Era o caçula de uma família de cinco irmãos.

A família de Lúcia não era rica nem pobre. Seu pai, conhecido como Zé Jagunço, devido à sua natureza embrutecida, era dono de uma casa de secos e molhados nos arredores da cidade. Possuía uma situação financeira estável, embora estivesse sempre se queixando da vida. Homem sisudo e sovina, era temido por sua fama de ex-matador de aluguel. Embora não houvesse provas cabais que justificassem a fama, ninguém ousava contestar-lhe o merecimento.

Durante a infância, os três amigos eram inseparáveis. Aos domingos, se reuniam na fazenda de Gumercindo e brincavam juntos o dia inteiro. Tomavam banho nos córregos, subiam nas árvores, perseguiam seriemas e se divertiam a valer.

À medida que os anos foram passando, aproximando-se da adolescência, Lúcia começou a notar uma grande diferença no comportamento dos seus dois melhores amigos. Geraldo tinha certas atitudes que a incomodava: atirava pedras contra todos os passarinhos que via, escalava as árvores com o intuito de localizar ninhos para quebrar os ovos das aves, maltratava os incautos animais domésticos, aplicando-lhes violentas surras de chicote, despelava todas as flores que encontrava em seu caminho e desfiava um dicionário de impropérios pelas mínimas coisas, como um espinho que lhe arranhasse a perna ou uma mínima farpa que lhe entrasse no dedo.

Pedro, extremamente atencioso, sempre dirigia à amiga palavras de carinho e incentivo, ajudando-a a superar os obstáculos durante as brincadeiras. Reservava para ela as melhores frutas que colhia ao escalar as árvores da fazenda e muitas vezes precisava entregá-las escondido de Geraldo, pois este exigia que tudo o que houvesse de melhor lhe fosse servido.

Com Pedro, Lúcia podia desabafar, falar de seus problemas e queixar-se da falta de tato do pai e da exagerada submissão de sua mãe às grosserias do comerciante. O amigo a ouvia com atenção, segurava as pequeninas mãos de Lúcia e as beijava com muita delicadeza, repetindo a ela as frases que ouvia sempre de seus pais, que eram bastante evoluídos espiritualmente. Pedia-lhe que tivesse paciência, que rogasse a Deus lhe dar a força necessária para suportar os padecimentos.

— Minha mãe diz que o próprio tempo se encarrega de ajeitar as situações mais complicadas – ele a confortava, fixando os olhos triste da menina.

Com Geraldo era impossível qualquer conversa mais séria. Sempre inventando piadas escabrosas, menosprezando os interesses alheios e exaltando suas próprias qualidades, foi se transformando numa companhia cada vez mais desagradável aos olhos de Lúcia.

A afeição recíproca entre Pedro e Lúcia unia-os tão fortemente, que era bastante comum sonharem um com o outro na mesma noite e em sonhos parecidíssimos. Uma vez em que estavam sozinhos, o menino, com voz trêmula, perguntou a ela:

— Lúcia, quando você crescer, vai se casar com quem?

A menina corou. Baixou a cabeça, encabulada com a pergunta.

— Não sei... Adivinhe...

E Pedro, embora já tivesse adivinhado há tempos, fingiu não saber.

— Difícil...

— Por que a pergunta?

— Por nada, não.

— E você?

— Eu o quê?

— Com quem vai se casar?

E o coração do garoto entrou em descompasso. Coçou o queixo. Buscou coragem para responder, mas não encontrou de imediato.

— Acho melhor não dizer...

— Por quê?

— Você pode não gostar.

— Alguém que eu conheço?

— Muito!

E ela sabia perfeitamente de quem se tratava. Baixaram a cabeça, constrangidos. Estavam sentados num tronco de uma árvore tombada. Lúcia ficou observando uma procissão de formigas que transportavam folhas. Pedro ficou riscando a poeira do chão com o bico do sapato.

— Lúcia.

— Quê?

— Quero lhe mostrar uma coisa.

— Cadê?

E o menino tirou do bolso da camisa dois pequenos aros, feitos artesanalmente com tiras trançadas de junco. Eram as imitações de duas alianças, caprichosamente elaboradas por um artesão amador, mas bastante habilidoso.

— O que é isso?

— Duas alianças que eu fiz.

— São lindas! Por que você as fez?

— São os nossos anéis de compromisso. Se você aceitar que eu ponha no seu dedo, fica comprometida a se casar comigo.

— E você?

— Eu também, é claro! Você põe o anel no meu dedo e eu nunca mais vou olhar para outra menina.

Lúcia ergueu os olhos e encarou Pedro com muita seriedade.

— Tem certeza do que está fazendo?

— Claro! Você não tem?

— Ser sua noiva... É tudo o que eu mais quero, seu bobo!

E estendeu a mãozinha trêmula, para que Pedro colocasse no seu dedinho infantil a aliança de junco. Depois, ela pegou o outro anel.

— Sua vez, meu querido noivo!

Colocou a aliança no dedo de Pedro e, com um sorriso iluminado, ofereceu o rostinho delicado para receber o carinhoso beijo que o menino ali depositou, suavemente. O primeiro beijo de suas vidas. Um beijo infantil e puro. Um beijo sincero, repleto de amor!

Nunca o céu lhes pareceu tão azul, os campos tão verdes e a brisa tão suave como naquele momento. Voltaram a brincar, como que esquecidos do que havia ocorrido, mas em seus corações o compromisso firmado tomava proporções gigantescas. Ambos, apesar da pouca idade, estavam muito convictos de suas pretensões. Amavam-se, indubitavelmente. Estavam noivos. Noivos e felizes!

E as alianças de junco enfeitaram os seus dedinhos durante os anos floridos de sua infância. Mais tarde, quando as alianças não cabiam mais em seus dedos,

Lúcia pediu para ficar com as duas e as guardou com muito zelo.

Com o passar do tempo, o trio se separou. Zé Jagunço, ao ver sua filha mais velha desenvolvida, levou-a para auxiliá-lo no trabalho do armazém. Pedro, adolescente ainda, conseguiu um emprego numa agência bancária que estava sendo instalada na rua central daquela cidade. Passou a morar numa pensão próxima ao serviço e somente aos fins de semana ia para junto da família, nas abrangências da fazenda do Gumercindo. Geraldo foi mandado para Belo Horizonte, com o intuito de dar continuidade aos estudos. Nem mesmo durante as férias fazia questão de visitar o pai.

Porém a grande afinidade que uniu Pedro e Lúcia durante a infância terminou por aflorar-se num forte sentimento de amor. Não um amor voluptuoso, sobrecarregado de lascívias e ciumeiras. Mas um amor calmo, sereno e esperançoso. Um sentimento puro e verdadeiro que, embora revestido de brandura, aquecia por completo seus corações juvenis e mantinha-os mentalmente ligados o tempo todo.

Para Lúcia, Pedro dedicava o melhor de si, os pensamentos mais prazenteiros, os gestos mais carinhosos e a incluía sempre em suas orações. Para Lúcia, Pedro representava paz, segurança e a esperança da felicidade futura. Sonhava com o dia em que haveria de galgar com ele as escadarias da igreja de Nossa Senhora do Carmo, vestida de branco e, diante do padre Victor e dos padrinhos, dizer-lhe o tão esperado "sim". Emocionava-se tanto com tais pensamentos, que chegava às lágrimas.

Sempre que tinham um tempo disponível, os dois jovens se encontravam, mas a tarefa não era muito fácil, pois a vigília do Zé Jagunço sobre a filha era implacável.

Dessa forma, embora devotassem tanto amor um pelo outro, faziam-no quase sempre por meio de gestos e olhares. Não se atreviam a pronunciar declarações. Achavam desnecessário. Ambos tinham a sensação de que, se o fizessem, estariam maculando a pureza daquele amor silencioso, mas inquestionável.

O que levava Pedro a não se precipitar com relação ao namoro, era o zelo excessivo com que encarava a situação. Amava tanto Lúcia que temia estragar tudo com uma atitude impensada, algo que pudesse despertar a ira do pai dela e, assim, arriscar-se a perdê-la de vez. Somava-se a isso o fato de o tempo ser para eles um grande cúmplice. Muito jovens ainda, julgavam tê-lo em demasia pela frente.

O rapaz, embora novo, era bastante dedicado aos seus objetivos e tinha-os bem definidos em sua mente. Primeiro, cuidaria da estabilidade financeira, pois não queria oferecer ao seu grande amor uma vida de sacrifícios. Além disso, conhecedor da natureza gananciosa do Zé Jagunço, tinha certeza de que o vendeiro jamais o aceitaria como genro, antes que obtivesse sucesso profissional.

Por isso, trabalhava com afinco. Era esse o primeiro passo que o conduziria definitivamente aos braços do seu grande amor. Pedro agarrou-se com unhas e dentes à oportunidade que a vida lhe deu. Entregou-se de corpo e alma àquele emprego na agência bancária e seu esforço foi reconhecido pela chefia. Tanta perseverança, responsabilidade e comprometimento com o trabalho fizeram-no se destacar e os diretores do banco decidiram investir nele. Patrocinaram-lhe os estudos, a fim de prepará-lo para que, futuramente, assumisse o comando daquela agência.

Aos dezessete anos, Lúcia era uma das moças mais lindas da região. Esguia, cabelos longos, louros e ondulados, olhos azuis, claros e ternos, além de um rostinho angelical.

Dois anos mais velho, Pedro também se tornou um rapaz bastante atraente, muito embora fosse a sua personalidade ainda mais marcante do que a própria beleza física. Estava sempre alegre e bem-humorado. Nunca media esforços para ajudar a quem quer que fosse e sua simpatia conquistava imediatamente todos os que dele se aproximavam.

Religioso, dirigia na igreja o Grupo Jovem Aprendizes de Jesus. Tocava violão razoavelmente bem e compunha músicas sacras, as quais, entoadas durante as missas dominicais pelo coral do Grupo, encantavam os fiéis e deixava o padre Victor transbordando de contentamento.

Enfim, Pedro e Lúcia formavam um belíssimo casal e, embora não tivessem assumido abertamente a condição de namorados, a cidade inteira já havia percebido que o casamento dos dois era só uma questão de tempo. O noivado firmado na infância, com suas alianças de junco, embora fosse mantido em segredo pelos dois, era um compromisso extremamente sério e irrefutável em seus corações.

3 — Inveja

O invejoso e o ciumento vivem num estado de febre contínua. É essa uma situação desejável? Não compreendeis que, com essas paixões, o homem cria para si mesmo suplícios voluntários e que a Terra se transforma para ele num verdadeiro inferno?

LE – *Questão 933*

Na tarde em que Geraldo apareceu na cidade exibindo o seu belo diploma de engenheiro, Gumercindo pagou bebida para toda a gente que se encontrava na lanchonete da estação ferroviária. A estação funcionava também como um centro comercial, com lojas de roupas, lanchonetes e um restaurante que era o ponto de encontro preferido dos jovens.

Geraldo estava bastante gordo e muito bem disposto. Dava gargalhadas estrondosas e abraçava a todos de modo expansivo e exultante. Sob o efeito de alcóolicos, subiu em uma cadeira e improvisou um discurso inflamado, sendo aplaudido com entusiasmo pela pequena plateia ali presente. Antes de ir para casa, fez questão de passar na agência bancária, onde abraçou demoradamente o amigo de infância.

— Que saudade eu estava sentindo de você, meu querido Pedroca! – brincou emocionado.

Pedro retribuiu o gesto carinhoso do amigo com alegria. Também ele sentira saudades de Geraldo e adorou o reencontro.

— Você tem feito muita falta por aqui – disse com sinceridade.

— Pois agora não farei mais. Voltei para ficar! – o outro respondeu abrindo os braços.

— Precisamos comemorar a sua volta.

— Com toda certeza! Faço questão de pagar uma bela rodada. Vou à fazenda com meu pai, deixo lá as malas, tomo um banho e volto para nos encontrarmos no restaurante da estação. Que tal às oito?

— Por mim está ótimo!

— Então está combinado, meu amigo! – e Geraldo saiu assoviando uma música sertaneja, dançando sozinho e fazendo mesuras para as moças com quem cruzava na rua.

Às vinte horas, encontraram-se no restaurante e ali permaneceram até altas horas, numa conversa bastante animada.

— Então você se deu bem com o pessoal do banco, seu Pedroca! – brincou Geraldo piscando um olho.

— Pois é! Gostaram de mim e resolveram investir em minha carreira profissional. Brevemente devo assumir a gerência desta filial.

— Brindemos a isso! Você é uma pessoa de sorte, meu amigo! Nasceu numa pobreza de fazer dó e olha aí, como a vida está lhe sendo generosa.

— Agradeço a Deus todos os dias por isso. E você?

— Eu o quê?

— Não agradece a Deus?

— Pelo quê?

— Minha nossa, Geraldo! Por tudo. Pelo seu pai, pelos bens que vocês possuem, pelas oportunidades que você teve de estudar...

— Deus não tem nada a ver com isso, Pedro. Tudo o que possuímos é porque batalhamos para conseguir. E, quanto ao meu pai, não gosto tanto assim dele a ponto de ter que agradecer a alguém pelo fato de ele existir.

— Você está sendo ingrato, Geraldo. Ele o ama muito...

— Não faz mais do que a obrigação! Sou um bom filho e, além disso, ele e minha mãe me puseram no mundo porque quiseram.

— Quanta ingratidão!

— Quer saber mais? – perguntou Geraldo, já alterado pelo efeito do álcool. Puxou Pedro pela nuca, encostou a boca no ouvido do amigo e sussurrou: — Comprei o diploma!

— O quê? – recuou Pedro. — O que você fez?

— *Psiuuuu*! Fale baixo, rapaz! Quer que todo mundo escute? Eu lhe falei que comprei o diploma, não estudei coisa alguma. Odeio professores! Odeio estudar! Por isso comprei o diploma. Pode ser falso, mas foi bem mais fácil assim e é igualzinho aos verdadeiros. Quem vai saber?

— Geraldo, você é louco! O que fez em Belo Horizonte durante todos esses anos?

— Farra! Muita farra! Jogo, bebida, mulheres... Torrei o dinheiro do velho me divertindo, ou você acha que eu iria passar cinco anos da minha vida com a cara enterrada em livros. Só se eu fosse idiota!

— Você não deveria ter feito isto com o seu pai. Ninguém merece uma traição dessas.

— Qual é, Pedro! Vai dar uma de moralista pra cima de mim, é? Vou lhe dizer uma coisa: se você abrir o bico e esta história chegar ao ouvido do velho Gumercindo, eu esqueço que somos amigos e lhe quebro a cara, hein? – ameaçou.

— Olha, Geraldo, você bebeu mais do que devia e está confundindo as coisas. Posso ser chato no que diz respeito a responsabilidades, mas não sou alcaguete.

E Pedro levantou-se.

— Vamos embora?

— Tão cedo? É claro que não. Vá você, que eu ainda estou com sede. Vou beber mais um pouco.

E Geraldo começou a achar que o amigo de infância havia se tornado um rapaz muito presunçoso.

Pedro foi embora decepcionado. Geraldo nunca lhe passara uma impressão muito positiva, mas aquilo era demais. Enganar o próprio pai. Comprar um diploma por preguiça de estudar. Gastar o dinheiro do genitor com farras e jogos. Preferiu pensar que talvez fosse pilhéria do amigo. Uma história inventada apenas por diversão. Uma brincadeira de mau gosto, fruto do efeito do álcool em seu cérebro.

Naquele fim de semana, cumprindo uma promessa feita na noite em que saíram juntos, Pedro foi à fazenda visitar Geraldo. Percorreram os campos, refazendo o mesmo percurso que tantas vezes haviam feito no passado e voltaram a sentir a força daquela amizade que os unia desde a infância.

Por alguns momentos, como se tivessem se transportado para os anos alegres de sua meninice, chegaram a agir do mesmo modo: correram pelos campos, subiram em árvores, imitaram o canto das seriemas e quedaram-se, exaustos, à sombra de uma araucária. Ali ficaram um bom tempo, deitados de costas, observando as nuvens que formavam estranhas figuras no céu.

Geraldo, finalmente, lembrou-se de perguntar por Lúcia:

— E então, como está a nossa querida amiguinha de infância? Continua magrela e feiosa daquele jeito? – ironizou.

— Que nada. A Lúcia está muito linda! – respondeu Pedro.

— Pois eu duvido. Não acredito que aquela canela-fina esteja bonita, coisa alguma. Você fala isso porque não conhece as mulheres maravilhosas de Belo Horizonte, seu caipira. Cada uma mais interessante que a outra!

— Então continue duvidando – comentou Pedro muito sério. — A Lúcia se tornou uma das garotas mais lindas da cidade.

Ao notar que Pedro ficara irritado com a sua atitude, Geraldo concluiu que o amigo estava apaixonado pela moça. Não havia dúvida de que era isso! Afinal, seus olhos haviam brilhado de um modo diferente ao pronunciar o nome dela.

— Vocês estão namorando, Pedroca?

— Claro que não! Por que a pergunta?

— Por nada. Apenas desconfiei.

— O pai dela jamais iria permitir um namoro entre nós.

— É verdade. O Zé Jagunço sempre foi metido a valente...

— ...E ganancioso – completou Pedro.

— É mesmo. Não pode ouvir falar em dinheiro que os olhos dele chegam a brilhar. Dizem que ele faz qualquer coisa para botar umas notas a mais no bolso.

— É o mal das pessoas que não acreditam em Deus e nos valores morais da vida. Elas só valorizam os bens materiais, mas um dia acabam se decepcionando com as ilusões do mundo e podem até mudar os seus conceitos.

— Ou não...

— Se não mudam, certamente acabam sofrendo. Dinheiro facilita a vida das pessoas, mas não é tudo de que o homem precisa. Ninguém consegue ser feliz só pelo fato de ser rico, porque nem todos os bens de que o homem precisa podem ser comprados.

— Ora, Pedro! Lá vem você com essas balelas. Você disse que quem não acredita em Deus vive atrás de valores materiais. Eu também não acredito em Deus e, no entanto, não vivo atrás de dinheiro.

— Claro que não – retrucou Pedro. — No seu caso, o dinheiro é que vive atrás de você.

E a observação bem-humorada do amigo provocou em Geraldo uma estrondosa gargalhada.

Levado pela curiosidade, no dia seguinte Geraldo foi ao armazém do Zé Jagunço e encontrou Lúcia trabalhando. Muito espalhafatoso, abraçou-a sem cerimônias, pouco se importando com o olhar de reprovação do pai dela. Ergueu-a no ar e a girou como se fosse uma boneca. A moça ficou meio atordoada com a impetuosidade do amigo, entretanto, demonstrou-lhe simpatia e o beijou no rosto.

— Bem que o Pedro falou, você está linda! – disse Geraldo observando-a de alto a baixo.

— O Pedro falou isso de mim? – ela gaguejou, corando o rosto.

— Falou. Mas eu não achei que fosse tanto. Você está muito mais bonita do que eu imaginei – e estendendo a mão para o Zé Jagunço. — Parabéns, seu Zé, o senhor tem aqui uma moça muito linda e prendada.

— Obrigado, meu rapaz. Vai querer alguma coisa?

— Uma cerveja e dois copos, pois eu faço questão de dividi-la com o senhor.

Lúcia, ainda constrangida com a presença do rapaz, agradeceu o elogio e pediu licença para se retirar, alegando estar cheia de serviço. E então Geraldo notou nos olhos dela aquela mesma intensa luz que havia percebido nos olhos de Pedro. Concluiu que ambos estavam enamorados e, sem saber exatamente por que, começou a sentir uma pontinha de inveja do amigo.

— Como vai o velho Gumercindo? – perguntou o comerciante, enchendo os copos.

— Vai muito bem, obrigado!

— Que azar, hein?

— Azar, por quê?

— Porque, nesse caso, você vai levar ainda muito tempo pra botar as mãos no dinheiro dele.

Geraldo começou a rir.

— Como saber? A morte é traiçoeira, seu Zé. Às vezes vem quando a gente menos espera.

E iniciaram uma conversa animada que durou horas, e esvaziou várias garrafas. Geraldo voltou para casa completamente bêbado, cambaleando e falando asneiras. Por dentro, lhe remoía um indisfarçável sentimento de contrariedade. Estava enciumado com o relacionamento de Pedro e Lúcia. Não gostara nem um pouco de vê-los tão envolvidos. Sentia-se, de certo modo, traído pelos dois; excluído, insultado em seu amor-próprio.

4 — Irresponsabilidade

Todas as nossas ações são submetidas às leis de Deus; não há nenhuma delas, por mais insignificante nos pareça, que não possa ser uma violação dessas leis.

LE – *Questão 964*

Desde que retornou para casa, Geraldo não fazia outra coisa a não ser caçar, jogar e beber. Vivia pelos bares da cidade, a qualquer hora do dia ou da noite, charuto num canto da boca, copo sempre à mão, em intermináveis carteados de baralho, onde apostava grandes quantias em dinheiro. Quase sempre perdia. Invariavelmente, essas disputas terminavam em brigas. Geraldo partia para a agressão, esmurrava um oponente, chegava na fazenda arredio, evitando encarar o pai. Preparava a montaria, armava-se, reunia os cães de caça e infiltrava-se na mata, de onde só regressava dias depois, com pequenos animais abatidos, conservados em salmoura, dentro de um balaio.

Gumercindo, bastante decepcionado, humilhado perante a sociedade que já vivia aos fuxicos, observou as atitudes irresponsáveis do filho e decidiu chamá-lo à razão.

— Temos uma fazenda para administrar e eu preciso que você me ajude – disse-lhe, certo dia.

Porém a conversa aconteceu num momento ruim, pois Geraldo estava bêbado e não gostou do puxão de orelha. Gritou impropérios e ofendeu profundamente o seu genitor. A discussão foi muito acirrada e os dois ficaram muitos dias sem se falar.

Gumercindo não sentiu raiva do filho, ao contrário, preocupou-se com ele. Via nele o mesmo menino peralta e caprichoso de anos atrás. Uma criança, no seu entender, indefesa, carente pela ausência da mãe. Alguém que precisava, não de correção, mas de compreensão e guarida.

E o sentimento de perda que nele, Gumercindo, era quase sufocante – pois nunca se conformara com a morte prematura da esposa – o fez pensar que o mesmo acontecia a Geraldo.

Esses comportamentos inadequados do rapaz o enternecia e o fazia chorar uma dor que era sua, mas que ele considerava ser do filho. Guardava, no fundo, um sentimento de remorso, uma grave sensação de não haver cumprido bem o seu papel de pai e mãe ao mesmo tempo. Andou pensando em um meio de resolver a questão sem se indispor novamente com Geraldo. Por fim chegou a uma conclusão e guardou-a para si.

Dias depois, Gumercindo procurou Pedro na agência bancária disse e com voz aparentemente triste:

— Preciso muito falar com você.

— Vou sair para o almoço daqui a quinze minutos – respondeu o bancário, notando o ar pesaroso do fazendeiro. — Podemos almoçar juntos, no restaurante da estação. Lá conversaremos em paz.

— Está bem, meu filho. Ficarei lhe esperando.

Pouco tempo depois estavam almoçando e Gumercindo desabafou:

— Não sei mais o que fazer com o Geraldo. Ele não quer saber de responsabilidades, passa os dias bebendo, jogando e se eu lhe chamo a atenção, ele fica bravo, grita comigo, me ofende muito. Tão diferente de você, que tem responsabilidade, é educado e demonstra amor pelos pais...

— Eu soube que houve uma discussão entre vocês. O Geraldo me contou.

— Foi uma desinteligência minha. Eu não percebi que ele estava bêbado e falei o que não devia.

— Com todo respeito, seu Gumercindo, eu acho que o senhor não tem que se sentir culpado de nada. O senhor é pai, tem todo o direito de chamar seu filho à razão, afinal, ele está merecendo, não é? Na verdade, ele é que está errado em ficar se embriagando todos os dias.

— Sim. Ele tem aprontado muito, mas é meu único filho. Meu herdeiro. Não posso me indispor com ele. Somos sós no mundo e temos que nos entender.

— Eu lamento muito toda esta situação, seu Gumercindo, mas por que motivo o senhor veio me procurar?

— Você é o único amigo de verdade que ele tem. Ele o respeita, lhe ouve... Vim pedir para você dar uns conselhos a ele.

— Seu Gumercindo, desde que o Geraldo retornou, eu não tenho feito outra coisa. Mas não adianta, ele não ouve ninguém.

— Mas quem sabe desta vez...

— Por que o senhor está tão certo de que ele vai me ouvir?

— Você é a única pessoa de quem ele gosta de verdade. Eu acho que ele lhe ouve muito mais do que a mim.

— Não estou muito certo disso, mas, em consideração ao senhor, vou ver o que posso fazer. Não é fácil convencer uma pessoa que não dá ouvidos ao próprio pai.

— Eu sei, Pedro. Meu filho é um cabeça-dura, mas eu lhe agradeço muito por tentar. Deus o ajude!

Pedro notou que o velho estava com lágrimas nos olhos quando o encarou. Sentiu pena dele. Despediram-se, após o almoço, e o bancário voltou para o trabalho pensando numa forma de conversar com Geraldo.

No sábado, Pedro foi à fazenda e encontrou Geraldo se preparando para ir caçar.

— Chegou na hora certa, Pedroca. Vai me fazer companhia na caçada desta noite?

O primeiro pensamento do bancário foi rechaçar o convite. Ele não suportava a ideia de ver os indefesos animais silvestres sendo abatidos impiedosamente pelos tiros da espingarda de Geraldo. Mas logo vislumbrou nisto a oportunidade para atender à solicitação feita por Gumercindo.

— Vou, mas com uma condição.

— Que eu não lhe confunda com um porco-do-mato e lhe dê um tiro no traseiro? – gargalhou Geraldo.

— Que eu não leve arma alguma. Não quero caçar. Só vou lhe fazer companhia.

— Por mim, tudo bem. Quem vai perder a farra é você mesmo.

Logo um cavalo foi selado para Pedro, por um dos empregados da fazenda e os dois se puseram a caminho da mata. Geraldo estava alegre e falador. Pedro esperava pelo melhor momento de iniciar a conversa.

À noite, acampados no mato, em torno de uma fogueirinha, Pedro achou que o momento havia chegado e, discretamente, começou a aconselhar o amigo.

— Olha, Geraldo, seu pai já está velho e cansado, não deve durar muito tempo mais. Você deveria se preocupar mais com o futuro da fazenda. Um patrimônio, por maior que seja, se perde se não for bem administrado.

— Eu sei disso, Pedroca!

— Então. Você não acha que já está na hora de começar a ajudar o seu pai a cuidar dos bens de vocês?

Inicialmente, Geraldo ficou ouvindo com passividade. Concordou com as colocações do amigo e chegou a agradecê-lo pelos conselhos.

Mas ele não conseguia ficar muito tempo sem beber. Carregava sempre consigo algumas garrafas de aguardente e, enquanto ouvia, bebia. Quando bebia, se transformava. Logo que a bebida começou a fazer efeito em seu sistema nervoso, o rapaz ficou histérico. Mandou que Pedro mudasse o rumo do assunto ou calasse a boca.

— Aposto que foi o idiota do meu pai que mandou você vir com esse sermão de vigário para cima de mim, não foi?

— Claro que não. Estou falando porque me preocupo com você...

— Preocupa-se coisa nenhuma! Você tem é inveja de mim, porque sou rico e não preciso ficar gastando meu tempo num empreguinho medíocre para sobreviver. Tenho certeza de que o velho Gumercindo está por trás disso. Foi ele que lhe mandou me encher a paciência...

Pedro não tinha o hábito de mentir, por isso decidiu não responder mais nada. Seu silêncio foi o suficiente para que Geraldo compreendesse tudo.

— Você e ele estão unidos nisto, não é? Pensam que vão me botar rédeas? Pensam que eu sou o quê? Uma criança? Um retardado? Vão os dois para o inferno! Eu não preciso de vocês para nada. Sou autossuficiente. Sei o que quero da vida, ouviu? Ouviu, seu guardador de moedas de meia-tigela? – Gritava e gargalhava ironicamente, quebrando a paz e o silêncio da noite em meio ao matagal.

Pedro percebeu a gravidade da situação e não falou mais nada para não torná-la ainda pior. Geraldo estava bêbado e descontrolado. Por isso, o bancário ouviu todos os desaforos em silêncio, pedindo a Deus que lhe desse paciência suficiente para suportar aquela provocação.

Quando Geraldo se acalmou e se encarregou de assar um lagarto que havia abatido, Pedro mudou de assunto. Perguntou sobre as mulheres e as farras de Belo Horizonte, pois era este o assunto predileto do filho do fazendeiro. Geraldo se animou com a conversa. A partir daí, os dois trataram somente de amenidades e não voltaram a discutir até que a madrugada chegasse e, junto com ela, a exaustão física e o sono.

No dia seguinte, acordaram com o sol a lhes aquecer os rostos. Cumprimentaram-se alegremente e regressaram à fazenda. A conversa da noite anterior não foi mencionada por nenhum dos dois, como se ela nunca tivesse acontecido.

Mas, intimamente, Geraldo começou a cultivar um sentimento negativo em relação ao amigo de tantos anos.

“Como é que pode?”, pensava, durante o trajeto de volta. “Este sujeito nasceu na miséria, arrumou um bom emprego, conseguiu estudar, mesmo sem ter a menor condição financeira para isso, conquistou a nossa amiguinha de infância que se tornou uma linda mulher, fica dando uma de moralista e ainda se junta com o idiota do meu pai para fazer complô contra mim. Pensa que é melhor do que eu, para vir dizer o que devo fazer da vida?"

E, naquele dia, Geraldo começou a arquitetar um plano para infernizar a vida de Pedro. A velha amizade estava abalada e passaria a se equilibrar sobre os frágeis pilares da falsidade.

5 — Avareza

Quantas uniões infelizes, porque resultaram dos cálculos do interesse ou da vaidade, nada tendo com isso o coração! Quantas desavenças e desgraças poderiam ser evitadas com mais moderação e menos ressentimentos!

ESE – Cap. V, item 4

O pôr do sol parecia provocar um grande incêndio entre as nuvens rubras daquele fim de domingo, quando Geraldo sentou-se na varanda, ao lado do pai. Gumercindo, achando que o filho estivesse bêbado como sempre, permaneceu calado, deitado em sua rede. Manteve-se de olhos fechados, para evitar discussões.

— Pai, preciso falar com o senhor – disse Geraldo, quebrando o silêncio com uma voz tão suave que chegou a assustar o velho.

O fazendeiro ergueu-se e observou o filho, notando que ele estava completamente sóbrio. A conversa com Pedro havia dado bom resultado, pensou o velho com alegria.

— Pois não, meu filho! Do que se trata?

— Estive pensando, meu pai. O senhor tem razão quando diz que eu preciso criar juízo, ser mais responsável e ajudá-lo a administrar a fazenda.

— Oh, meu Deus! Que bom ouvir isso de você, Geraldo!

— De fato, eu tenho feito muita besteira desde que voltei. Não posso passar a vida bebendo, jogando e caçando. Tenho que ajudá-lo a preservar o nosso patrimônio, não é?

— Sim, meu filho, é o que eu venho tentando lhe dizer...

— Só que, para isso, preciso parar com esses maus hábitos que cultivei em Belo Horizonte. Preciso parar com essa vida boêmia, esses excessos...

— Claro! Claro!

— Então, pai. Andei me perguntando o que poderia fazer para me fortalecer, para evitar esses vícios...

— Meu filho, só você pode se ajudar. Precisa ter força de vontade...

— Acho que é mais do que isto, meu pai. Estive pensando que preciso mesmo é de uma esposa.

Gumercindo sentiu o coração disparar ao ouvir aquilo. Uma onda de calor invadiu-lhe o peito, há tantos anos enregelado pela desilusão da viuvez. Tudo o que ele queria era ver o filho casado, a grande casa da fazenda cheia de netinhos, a criançada com seus alaridos, seus choros, gritos e risadas, enchendo os tristes e obscuros aposentos de luz e de som, brincando em seu colo, chamando-o de "vovozinho". Seus olhos lacrimejaram de emoção e sua voz saiu embargada quando voltou a falar.

— Claro, meu filho! O casamento é o melhor remédio para falta de juízo. Que ideia maravilhosa você teve...

— Preciso de uma noiva, meu pai.

— Sim. Mas você já tem uma pretendente?

— Tenho e não tenho.

— Como assim?

— Gosto da Lúcia, mas ela ainda não sabe.

— Lúcia? A filha do Zé Jagunço?

— Sim. Ela.

— Bobagem, Geraldo. Conheço moças muito mais interessantes e bonitas. Filhas de fazendeiros como nós e não de um destemperado como aquele sujeito cercado de maus agouros. Será, inclusive, uma forma de ampliar o patrimônio, unir nossos bens a outra propriedade...

— Estou falando de casamento, pai, não de negócios. Quero me casar com a Lúcia.

— Mas, meu filho, todo mundo sabe que ela é apaixonada pelo Pedro e que o casamento dos dois é só uma questão de tempo...

— Eu sei. É por isso que vim pedir a sua ajuda. Eu já disse que a única forma de mudar meu comportamento e me tornar um homem sério é me casando. Mas eu não vou casar com qualquer uma. Só caso se for com a Lúcia. Além de linda, ela é sossegada, séria, não tem vícios e frequenta a igreja.

— Mas e o Pedro? Ele é seu amigo...

— Por isso mesmo, pai. Sendo meu amigo, ele vai entender o meu drama. Além disso, ele já tem juízo bastante, não precisa se casar tão cedo e acaba arrumando outra mulher.

— O que você está propondo é uma traição ao seu melhor amigo.

— Seria, se ele tivesse me dito alguma vez que a ama. Mas, pelo contrário, quando eu perguntei se eles estavam namorando, ele me garantiu que não.

— Mas e se ela não o aceitar?

— O Zé Jagunço é ganancioso. É claro que vai preferir ter a filha casada com o filho de um fazendeiro do que com um empregadinho de banco. Se o senhor conseguir convencê-lo, já será meio caminho andado.

— Está bem, meu filho. Vou ver o que posso fazer, mas espero que você esteja bem certo disso, pois vai ter gente sofrendo muito.

— Pai, me dê essa ajuda, que o senhor não vai se arrepender, está bem? O senhor não vive dizendo que eu tenho que criar juízo, assumir responsabilidades e ajudá-lo a administrar a fazenda? Tudo isso vai acontecer, depois que eu estiver casado com a Lúcia, eu lhe prometo.

— Tudo bem, meu filho, amanhã mesmo eu vou conversar com o Zé Jagunço, pode ficar descansado.

Quando ouviu a proposta de casamento entre Geraldo e Lúcia, o comerciante mal pôde acreditar. "Que boa sorte!", pensou. "Nem acredito que minha filha vai se casar com o filho de um dos fazendeiros mais poderosos da região".

Apertou a mão de Gumercindo e disse a ele que não se preocupasse.

— No que depender de mim, Geraldo vai se tornar o rapaz mais ajuizado da face da Terra. Esse casamento já pode ser dado como certo.

Gritou para que a moça fosse ao depósito de mantimentos, que ficava nos fundos do armazém, onde ocorria a conversa entre ele e Gumercindo e deu-lhe a notícia de supetão:

— Cumprimente o seu futuro sogro, minha filha. A partir de hoje, você está noiva do Geraldo.

Lúcia, num primeiro momento achou que fosse pilhéria. Cumprimentou o fazendeiro com um sorriso. E, voltando-se para o pai, perguntou muito séria:

— Que brincadeira é essa?

— Está vendo alguém aqui com ares de brincadeira? – retrucou o genitor com um olhar de raiva.

Lúcia começou a ficar preocupada. Buscou os olhos de Gumercindo, inquisitiva, mas o velho, constrangido, baixou a cabeça.

— Não! Não pode ser verdade... – ela choramingou com voz trêmula.

— E por que não? – gritou Zé Jagunço ameaçador. — Considera o Geraldo indigno de uma pé-de-chinelo feito você?

Lúcia estremeceu de pavor. Morria de medo dos gritos de seu pai. Gumercindo levantou-se apressado.

— Já terminei o que vim fazer aqui, seu José. Vou voltar para a fazenda. Tenho muita ocupação me esperando.

— Claro, seu Gumercindo! Vá em paz e não se preocupe, pois nisto aqui eu dou jeito. Ah, se dou!

Quando passou por Lúcia, que permanecia estática junto à porta, Gumercindo percebeu que ela estava soluçando. Sentiu o coração apertado, mas decidiu não interferir. Afinal, era a sua felicidade que estava em jogo e disso ele não abriria mão por nada.

Assim que se viu a sós com o pai, Lúcia desatou um choro desesperado.

— Pai, pelo amor de Deus, eu não posso casar com o Geraldo! – e caiu de joelhos, implorando.

— E por que não?

— Eu não o amo, meu pai. Como posso casar com um homem por quem não sinto nada? Por favor...

— E daí? Quantas pessoas você acha que se casam por amor? Casamento é assim mesmo. O amor vem com o tempo, com a convivência. Pare com esta choradeira. Os fregueses estão ouvindo, o seu escândalo.

— Mas, pai, eu amo outra pessoa... – Lúcia insistiu, com a voz entrecortada pelo pranto.

— Ah, e você acha que eu já não sei dessa historinha? Vai dizer que ama o Pedro, não é? Pensa que eu já não percebi o namorico de vocês? Já estive para correr com aquele sem-vergonha daqui. Desaforado! Inventando de vir fazer compras só pra ficar lhe flertando. Pensando que sou idiota.

— Pai, ele me ama. Só está esperando a situação do emprego melhorar para me pedir em casamento. Ele respeita muito o senhor...

— Respeita coisa nenhuma! Se respeitasse, não ousaria me confrontar desse jeito. Não quero saber de mais nada. Ou você se casa com o Geraldo, ou arruma a sua trouxa agora mesmo e desaparece. Cai no mundo e não coloque mais os pés em nossa casa.

— Mas... Pai...

— Não quero mais falar sobre isto com você. Aliás, vá para casa e trate de ir se acostumando com a sua nova situação. A partir de hoje você não precisa mais vir trabalhar no armazém. Não é direito que uma moça comprometida com um homem importante fique se expondo atrás de um balcão.

E Lúcia foi para casa completamente transtornada. A mãe ouviu as suas lamentações, mas só pôde chorar junto com ela. Ninguém ousava contrariar uma decisão do Zé Jagunço. A moça ficou trancada em seu quarto, desconsolada. A noite chegou, veio a madrugada e raiou o dia sem que ela conseguisse pregar os olhos ou mitigar a tristeza que lhe invadiu a alma.

Na manhã seguinte, Lúcia resolveu arriscar mais uma vez. Tentou abrandar o coração do pai, chamá-lo à razão. Interpelou-o, antes que ele saísse para o trabalho. Suplicou-lhe que mudasse de ideia, que não a obrigasse a casar com quem ela não amava. Tudo em vão. Num lampejo de ódio, Zé Jagunço a mirou nos olhos, mostrou-lhe o revólver preso ao cinto e ameaçou:

— Se você não se casar com o Geraldo por causa daquele joão-ninguém, eu o mando para o inferno, ouviu? Garanto que com ele também você não há de ficar – disse essas palavras com tanta convicção, que Lúcia sentiu um frio percorrer-lhe a espinha.

O comerciante já estava saindo, quando decidiu retornar e reforçar a ameaça:

— E lhe digo mais: não será o primeiro idiota que eu mando ajustar contas com o demônio, não, está me ouvindo?

Lúcia, cabisbaixa, assentiu com um lerdo movimento de cabeça. Seus olhos estavam inchados de tanto chorar. Sentiu um calafrio percorrer-lhe a espinha. Sabia que o pai não estava blefando. Zé Jagunço tinha pavio curto e, naquele momento, ela sabia que a vida do seu grande amor estava em suas mãos.

Com o coração aos pedaços e uma dor dilacerante que parecia lhe estraçalhar a própria alma, convenceu-

-se de que não havia saída. Ou se curvava à vontade egocêntrica do seu sentimento, comprometendo a vida do homem a quem amava, ou cedia à imposição de seu paive salvava Pedro de uma iminente desgraça.

Nem precisou pensar muito para optar pela segunda alternativa. Dessa forma, estaria dando a maior prova de que o verdadeiro amor é capaz: a renúncia.

6 — Sarcasmo

Todas as faculdades existem no homem em estado rudimentar ou latente e se desenvolve segundo as circunstâncias mais ou menos favoráveis. O desenvolvimento excessivo de umas impede ou neutraliza o de outras.

LE – *Questão 754*

Geraldo se preparou bastante para aquele momento. Ficou esperando Pedro sair do trabalho e o convidou para tomar uma cerveja, mas, quando chegaram ao bar, mudou de ideia.

— Pensando bem, vou tomar um refrigerante.

— O quê? Está com febre? – brincou o bancário.

— Prometi para o meu pai que não ponho mais bebida alcoólica na boca.

— É mesmo? Que novidade é essa, meu amigo?

— Não só não vou mais beber, como vou assumir a administração da fazenda e levar a vida mais a sério a partir de agora.

Ignorando tratar-se de uma cilada, Pedro abraçou Geraldo carinhosamente.

— Você não sabe como isso me deixa feliz!

O filho de Gumercindo curtia cada segundo daquela cena. Estava intimamente satisfeito e ria-se por dentro. Aquele idiota prepotente teria o castigo merecido, dizia para si mesmo.

— Pensei muito sobre o que você me disse naquela noite, no acampamento, e concluí que você estava mesmo coberto de razão, meu amigo. Eu só precisava de um bom motivo para deixar minha vida torta e criar juízo.

— Mas, você encontrou esse motivo?

— Na verdade, esse motivo tem estado ao meu lado há anos.

— Você está me deixando curioso...

— É simples. Preciso apenas me casar. E é isso que vou fazer.

— Que legal! Mas quem é a felizarda?

Geraldo olhou profundamente nos olhos de Pedro, como se quisesse absorver cada gota do sentimento amargo que dali seria emitido após a bombástica revelação.

— Você nem vai acreditar, meu querido. Vou me casar com a Lúcia, nossa linda e meiga amiguinha de infância. Dá para acreditar nisso?

Se o sofrimento de Pedro não foi visível, só havia uma explicação: ele não estava acreditando em nada daquilo.

— Você está de brincadeira!

— Não! É sério. Vamos nos casar logo, logo.

Pedro tentou sorrir, mas foi como se usasse uma máscara.

— Ela sabe disso? – perguntou ainda incrédulo.

— É claro! Já está tudo acertado. Por quê? Alguma coisa contra?

O bancário teve muita vontade de esclarecer tudo. De dizer que amava Lúcia, que pretendia se casar com ela, mas faltou-lhe ânimo. Sua cabeça estava confusa demais. A verdade é que ele nunca confessara a ninguém aquele amor que nutria pela moça. Julgava desnecessário comentar com terceiros um sentimento que só interessava aos dois.

Por outro lado, Lúcia também nunca lhe falara abertamente de reciprocidade, a não ser naquele distante dia de sua infância, quanto haviam colocado as alianças de junco, mas na época Lúcia era uma criança e poderia ter mudado de ideia com a maturidade. Teria descoberto que não o amava de verdade? Sentiria por ele tão somente amizade? Estaria se casando com o filho do fazendeiro por causa de dinheiro? Teria aprendido com o pai a ser também ambiciosa? Ou amaria Geraldo e não ele?

Não! Certamente Lúcia não era assim. Ou seria? E ele, apenas ele, em sua cegueira frente às maldades alheias, dominado pelo imenso amor que cultivava por tanto tempo, não havia percebido as mudanças de caráter de sua eleita? Dúvidas, dúvidas e mais dúvidas.

E foi com esses pensamentos a atormentar-lhe a mente que Pedro se despediu de Geraldo e vagou pelas ruas durante horas, antes de se recolher em seu aposento, onde passou a noite insone, revoltado e confuso. Uma dor terrível o consumia por dentro. Um sofrimento que não poderia ser abrandado por nenhum remédio.

Tentou buscar equilíbrio na oração, mas não conseguiu se concentrar. Apenas implorou a Deus que o amparasse e, quando se deu conta, estava chorando. Um pranto dolorido, amargo e incontido.

No dia seguinte, Pedro obteve a confirmação de que precisava. Gumercindo, fingindo desconhecer o interesse dele por Lúcia, deu-lhe a notícia do casamento do filho.

— Mas, seu Gumercindo, isto não faz o menor sentido. A Lúcia nunca demonstrou qualquer interesse pelo Geraldo.

Ao ver o sofrimento estampado no rosto do rapaz, o fazendeiro teve uma breve sensação de remorso. Achou que seria de bom tom isentar-se de qualquer responsabilidade.

— Eu também fui pego de surpresa – mentiu. — Nem sabia que os dois estavam namorando.

Desesperado, Pedro arrumou um pretexto para deixar o banco e foi correndo ao encontro de sua amada, decidido a fazer qualquer coisa para evitar aquela loucura, mas não a encontrou no armazém. No dia anterior, Zé Jagunço havia mandado a filha para a casa de uma tia que morava em outra cidade. Foi ele quem recebeu o bancário e mentiu dizendo que Lúcia decidira, por conta própria, viajar para cuidar do enxoval, já que a data do casamento estava próxima.

— Não posso acreditar que ela tenha viajado, seu Zé. Deixe-me falar com ela, por favor! – o jovem implorou.

— Está me chamando de mentiroso, seu moleque? Fique sabendo que a minha filha está muito feliz com o noivado e só voltará aqui no dia do casamento, ouviu?

Com a alteração do tom de voz do comerciante, Pedro também se alterou. A condição desesperadora do momento o fez perder a costumeira serenidade.

— Eu não acredito em nada disso! – respondeu. — É claro que o senhor está mentindo.

E começou a gritar pela moça.

— *Lúúúúcia! Lúúúúcia!*

O vendeiro, cheio de ódio, saltou o balcão do armazém e desferiu um soco violento no rosto de Pedro que ficou completamente zonzo, desequilibrou-se e caiu. Zé Jagunço, com seus braços musculosos, o apanhou pelo colarinho, arrastou-o e o empurrou porta afora.

— Desapareça daqui, seu verme. E nunca mais volte a pôr os pés em meu estabelecimento, senão lhe mando para o inferno.

Mostrou-lhe o revólver preso ao cinto e ficou fazendo chacota do rapaz enquanto este, tendo se levantado com grande dificuldade, afastava-se trôpego, com o rosto dolorido pela pancada e a alma em frangalhos.

— Você não estava sabendo da novidade? – ironizou. — Seus melhores amigos marcam casamento e não o convidam? Você não é tão importante quanto pensa, seu idiota!

Pedro precisou se nutrir de muita paciência para não voltar ao armazém e, novamente, confrontar-se com aquele homem que, gratuitamente o agredia, insultava e ameaçava de morte, zombando de seu sofrimento.

Sentiu uma imensa revolta. Voltou-lhe a vontade de chorar. Quis maldizer a vida, porém lembrou-se do bom exemplo dado por seus pais. Rememorou a infância, viu-se de joelhos, junto deles e dos irmãos, agradecendo a Deus pelo simples fato de estarem vivos. Pediu amparo à Nossa Senhora do Carmo, a quem tantas vezes reverenciara com seu violão, com suas belas músicas, composições sinceras, baseadas na fé e no amor que a Ela devotava. Assim, conseguiu evitar o desequilíbrio, elevou aos Céus uma sincera oração pedindo discernimento e lucidez.

Durante a caminhada de volta ao banco, suas ideias foram se clareando. Estava triste e abatido; uma causticante ferida dilacerava-lhe o coração, mas tinha agora a certeza de que precisava se manter firme em seus propósitos. Independentemente do que acontecesse, haveria de concretizar os seus projetos, fixar lucidamente as rédeas de sua vida. Ainda que tudo e todos se voltassem contra ele, sua fé inabalável em Deus haveria de mantê-lo de pé. Não teria como evitar as dores, mas as suportaria com resignação e dignidade.

7 — Influenciação

Pergunta: Os Espíritos influem sobre os nossos pensamentos e as nossas ações?

Resposta: Nesse sentido a sua influência é maior do que supondes, porque muito frequentemente são eles que vos dirigem.

LE – Questão 459

Os dias seguintes passaram-se lentos e sem novidades para Pedro. Geraldo e Gumercindo não mais foram vistos na cidade, mas a notícia do casamento espalhou-se feito fumaça em dia de vento forte. O próprio Zé Jagunço, extremamente orgulhoso com o acontecimento, tratou de propagar a grande notícia da união de sua filha com o herdeiro do poderoso Gumercindo.

Com o tempo, o desespero do bancário foi se abrandando, abrindo espaço a uma dorzinha constante, porém suportável. A saudade de Lúcia o assaltava a todo o momento, fazendo-o perder o apetite, a alegria, o sono... Mas ele sempre buscava equilíbrio por meio das orações. Quando conseguia dormir, sonhava constantemente com ela e acordava com o travesseiro molhado pelas lágrimas que brotavam durante o sono.

Às vezes, vinha-lhe a sensação de que aquele padecimento estava prestes a se acabar, pois imaginava que a qualquer momento Lúcia entraria no banco – como fizera algumas vezes no passado – e o consolaria, dizendo ter desistido do casamento com Geraldo.

Nesses momentos de devaneio, ficava observando a porta da agência, sobressaltando-se com cada moça que por ela passava, principalmente aquelas que tinham alguma semelhança física com sua amada. Mas logo a realidade o chamava à razão. Lúcia fora mesmo embora. Abandonara-o. Estava preparando o seu luxuoso enxoval para casar-se e, o que era pior, possivelmente por interesses financeiros. Por ganância.

Mas ele não poderia nem de longe imaginar o que estava acontecendo a uns trezentos quilômetros dali.

Na casa da tia, Lúcia estava inconsolável. Também ela sonhava com Pedro todas as noites, pensava nele o tempo todo e por diversas vezes estivera a ponto de desistir de tudo, de correr ao encontro do único homem a quem verdadeiramente amava e, apesar de todo o risco, atirar-se em seus braços e dele não mais se desgrudar.

A tia materna, uma solteirona que vivia só e se chamava Jacira, a aconselhava:

— Melhor fazer a vontade do seu pai e salvar a vida desse moço, minha sobrinha. Seu pai é um homem ruim, já fez muitas maldades e não vai hesitar em cumprir o que prometeu, nem que seja para manter o que eles chamam de honra da palavra. Pelo que você me diz, é claro que o Pedro a ama tanto que daria a vida em nome desse amor. Mas você não está precisando do amor de um cadáver. Você o quer vivo, não é? Então, tenha paciência. Enquanto houver vida, haverá esperança. Se o seu pai matar esse rapaz, aí é que a esperança de ficarem juntos se acaba e vocês se perdem de vez.

E Jacira, consternada com o sofrimento da sobrinha, mas consciente de que também nada poderia fazer para ajudá-la naquele momento, dizia essas coisas o tempo todo, ao menos para tentar abrandar a sua tristeza.

Lúcia, desesperada, não vislumbrava qualquer saída para a sua tortura. A vida tornara-se obscura, tenebrosa. O futuro, antes tão promissor, transformara-se num grande nada, num pesadelo imensurável. Tanta desesperança a fez pensar algumas vezes que talvez fosse melhor dar fim à própria vida a submeter-se às vontades do pai e do egoísta que a havia praticamente comprado como esposa. A moça alegre e gentil de antes dera lugar a outra, revoltada, sisuda e amarga.

No dia em que a costureira levou-lhe o vestido de noiva para experimentar, Lúcia teve uma incontrolável crise de choro. Amaldiçoou o Zé Jagunço e o Geraldo com todas as palavras torpes que conhecia. Trancou-se no quarto e lá se manteve durante duas horas.

Preocupada, Jacira a chamou inúmeras vezes. Como a sobrinha não respondesse, forçou a fechadura e abriu a porta. A cena que viu a fez arrepiar-se da cabeça aos pés: Lúcia estava sentada na cama, totalmente imóvel, com os braços cruzados atrás das costas, como se estivessem amarrados. Seus cabelos, jogados para a frente, cobriam-lhe parcialmente o rosto de semblante inexpressivo. Seus olhos, semiabertos, tremulavam involuntariamente, fixos num ponto qualquer da parede.

Com cautela, o coração aos saltos, as pernas trêmulas, Jacira aproximou-se da sobrinha e sacudiu-a de leve:

— Lúcia... Lúcia... O que houve, minha filha?

A resposta veio lenta, numa voz arrastada e rouca que em nada lembrava a voz suave da moça:

— Estou conversando com ela...

— Com ela? Ela quem? – e a tia olhou em torno para ver se vislumbrava alguém na penumbra do aposento, mas não havia ninguém ali, além delas duas.

— Com a velha... Ela veio me levar para ficar com o Pedro...

— Minha Nossa Senhora! Que velha, Lúcia? Não há velha alguma aqui.

— Ela me mandou cortar os pulsos... Disse que só assim eu poderia viver ao lado do meu grande amor.

Apavorada, Jacira atirou-se sobre a sobrinha, puxou com força os seus braços para a frente, abriu-lhe as mãos e viu que Lúcia portava uma lâmina de barbear. Arrebatou-a cuidadosamente, para não feri-la. A mulher caiu num choro convulsivo, misturado às orações que conhecia e que passou a proferir naquele momento.

Aos poucos, Lúcia foi se recompondo. Retomou a mobilidade do corpo, puxou os cabelos para trás, expondo à luz o rosto, cujo semblante voltara à normalidade. O movimento em seus olhos cessou. Pousou-os serenamente nos olhos desesperados da tia e perguntou:

— O que aconteceu aqui, minha tia? Por que você está chorando?

Jacira achou melhor não comentar nada, pelo menos naquele momento. Primeiro, porque não queria deixar a sobrinha ainda mais apreensiva. Segundo, porque nem ela própria saberia explicar o fenômeno que havia ocorrido naquele quarto. Esforçou-se para sorrir. Enxugou as lágrimas.

— Estava rezando por você, minha querida. E chorei porque sou chorona mesmo.

As duas se abraçaram fortemente.

— Você vai me prometer uma coisa, Lúcia.

— O que a senhora quiser, tia Jacira. Pode falar.

— Nunca mais vai se trancafiar no quarto, está bem? Aliás, você não vai mais ficar sozinha por muito tempo. Promete?

— Está bem, tia. Agi feito uma garotinha mimada e lhe deixei preocupada, não foi?

— Lúcia, eu compreendo o seu sofrimento. Compartilho-o com você, mas, por favor, não torne as coisas ainda piores do que estão.

— Desculpe! Pode ficar sossegada que eu não vou lhe causar mais problemas.

Jacira levantou-se, puxando a sobrinha pela mão.

— Está bem! Agora vamos sair deste quarto abafado e arejar os pulmões. Vamos dar uma volta por aí, afinal de contas, a tarde está linda lá fora!

E saíram a passear pelo bairro, mas, embora se esforçasse para aparentar descontração, a lembrança do que havia testemunhado no quarto tirava o sossego de Jacira e acentuava as rugas de sua testa, cada vez que ela pensava no assunto.

Jacira conduziu Lúcia a um pequeno salão numa ruazinha de pouco movimento. Era um cômodo retangular, humilde, mobiliado com uns bancos rústicos de madeira, onde algumas pessoas estavam reunidas.

— Que lugar é este, tia?

— É um Centro Espírita. Ultimamente tenho vindo muito aqui.

— Para quê?

— Para cuidar de assuntos espirituais, ora! Tenho descoberto muitas coisas interessantes dentro da Doutrina Espírita.

— Que tipo de coisas?

— Todas as coisas sobre as quais sempre tive dúvidas e não consegui encontrar respostas em nenhuma religião. O espiritismo, ao contrário da maioria das religiões, engloba religião, filosofia e ciência em seus ensinamentos. A Doutrina Espírita não exige de seus seguidores a chamada "fé cega", mas, pelo contrário, incentiva os questionamentos e defende o que eles chamam de "fé raciocinada".

— Como assim?

— Vou lhe dar um exemplo: muitas pessoas acreditam na vida espiritual, mas sabem o que ela representa de fato? Elas dizem que, quando morrerem, querem ir para o céu e escapar do fogo do inferno, mas sabem, verdadeiramente, o significado das palavras "céu" e "inferno"? Têm noção do que acontece depois da morte do corpo físico? O espiritismo nos incentiva a fazer esses questionamentos, a desvendar o que nos parece obscuro e inalcançável. Sem esse base, as pessoas ficam perdidas em suas próprias crenças. Têm fé, mas não têm convicção, pois não sabem exatamente no que acreditar. Não conhecem as bases racionais de sua crença.

— Pois eu prefiro cuidar de meus assuntos espirituais na igreja católica.

— Eu sei, minha querida. E não quero forçá-la a nada. Se você preferir, podemos ir embora, mas garanto que, se ficarmos, nada de ruim irá lhe acontecer.

— Sei lá, tia. Fico meio assustada com esse negócio de mexer com Espíritos.

Jacira começou a rir.

— Tem medo de que algum fantasma lhe puxe o pé?

— Sei lá...

— Minha querida sobrinha, o trabalho aqui realizado é muito diferente do que você pensa. Ele é baseado nos mais caros princípios da doutrina de Jesus. Aqui se faz caridade, se ama e se respeita a individualidade das pessoas. Vamos entrar para você ver só.

E as duas entraram no exato instante em que o dirigente iniciava a oração do "Pai Nosso".

— Mas essa oração não é da igreja católica? – cochichou Lúcia no ouvido da tia.

— Claro que não, sua bobinha, é uma oração cristã.

Após a palestra, os assistentes formaram uma fila e Jacira puxou Lúcia pelo braço.

— Vamos.

— Onde?

— Vamos receber um passe magnético.

— Não! Morro de medo.

— Medo de quê?

— Sei lá! O que vão fazer comigo?

— Você verá, minha filha. Confie em mim.

Lúcia entrou assustada e insegura na sala de passes. Poucos minutos depois saiu com um semblante bem mais leve.

— E então? – perguntou Jacira. — Como foi a experiência?

— Adorei, tia! Confesso que estava tensa, não sabia o que iria encontrar aqui, mas quando ouvi as orações e a exposição daquele senhor sobre o evangelho, eu me senti melhor. Depois, aquelas pessoas na sala de passes me envolveram com uma oração tão linda e com uns movimentos de mãos tão sutis sobre mim, que uma imensa paz me invadiu completamente. Eu me senti leve, parecia flutuar...

— Que bom, minha querida! O que você recebeu é o que eles chamam de fluidoterapia. Eles estavam lhe doando fluidos de amor fraternal. E, nessa assistência, não estavam somente os trabalhadores que você viu, mas também uma equipe de servidores espirituais que dão suporte ao trabalho dos médiuns encarnados.

— E por que eles fazem isso por uma pessoa que nem professa a mesma religião?

— Por caridade, meu bem! A caridade é universal e gratuita. Ela não exige contrapartida alguma. Uns ofertam, outros recebem e ninguém fica devendo nada a ninguém.

— Estou emocionada, tia. Se a senhora não se importa, gostaria de voltar aqui mais vezes.

— Claro que voltaremos.

Ao retornar para casa, no início da noite, Jacira, que estava aos poucos desenvolvendo suas faculdades mediúnicas, percebeu uma presença negativa no ambiente. Era como se uma visita indesejada houvesse se infiltrado em seu lar. As coisas pareciam desordenadas, os pensamentos fora de sintonia. Uma sombra obscura e ameaçadora pairava no ar, tirando a paz e a harmonia.

Antes de se deitar, ela fez uma profunda oração e pediu a Deus que lhe permitisse saber o que estava acontecendo, que lhe desvendasse o véu daquele mistério para que pudesse ajudar a sobrinha. Não havia dúvida de que aquela ameaça estava ligada à presença de Lúcia em sua casa.

Durante o sono, Jacira conheceu a tal velha que insuflara Lúcia a suicidar-se. Tinha ela o aspecto dessas bruxas dos contos infantis: cabelos brancos, desgrenhados, pele totalmente enrugada, nariz enorme, corcunda e um semblante extremamente frio e impiedoso.

— Sorte a sua ter chegado na hora, sua estraga-prazeres. A idiota da Lúcia deveria estar no inferno a essa altura e o pai dela ia acabar com você também, pois ele não iria perdoar o fato de a filha ter morrido em sua casa – disse a entidade, entre risos zombeteiros e xingamentos.

— Por que fez isto com a menina? – perguntou mentalmente Jacira. — O que você tem contra ela?

— Pessoalmente, não tenho nada contra ela. Tenho contra o mundo. Não sou a única pessoa que sente prazer em dar uma "forcinha" quando vocês pedem ajuda para cometer seus desvarios. Somos um exército que tanto atua do lado de cá, quanto do lado que vocês estão. Usamos todas as oportunidades possíveis para ajudá-los a concretizar as suas fraquezas. Ouvi você dizer a ela que se o rapaz morrer, eles se perdem para sempre, e a minha função é fazer as pessoas se perderem. Fui até o rapaz para tentar influenciá-lo, mas o campo magnético que o cerca é muito forte. Não me foi permitido aproximar dele, porque o seu pensamento é incompatível com o meu. Mas com a moça foi diferente. Quando emitiu aqueles pensamentos negativos contra o pai e o futuro marido, ela praticamente me convidou a assediá-la. Então eu a induzi a se trancar no quarto e comecei a sugerir umas ideias interessantes em sua cabecinha fraca. Ela estava com muito ódio no coração e foi isso que me atraiu e possibilitou que eu a envolvesse e a estimulasse a fazer o que, no fundo, ela já havia pensado em praticar.

— Meu Deus, quanta maldade!

— Pode ser maldade, mas não somente de minha parte. Eu não tenho poder algum sobre as pessoas de boa índole e não frequento ambientes harmônicos. Aliás, é a primeira vez que venho à sua casa, você não notou? Se não estive aqui antes, foi porque, até hoje, ninguém havia me convidado. O ambiente não era propício para mim. Mas tenha certeza de que tanto eu quanto os meus inúmeros companheiros, que atuamos em todas as manifestações negativas, estamos sempre atentos e, se alguém nos convida por meio de suas más vibrações, nós aparecemos imediatamente.

— Oh, meu Deus! – suspirava Jacira, movendo-se na cama com grande inquietude.

— Infelizmente, vou ter que ir embora. Suas orações idiotas muito me aborrecem e me repelem. Além disso, a sua influência positiva sobre a moça a fortalece, dificultando a minha ação. Mas não se esqueça de que estarei atenta e, assim que houver um novo convite, estarei de volta.

Jacira acordou suando frio, o coração aos saltos e a sensação de ter ouvido uma longa e horripilante gargalhada que ecoou em sua mente e dissipou-se no ar. Correu ao quarto de Lúcia e constatou que tudo estava em ordem. Quando ia retornando para o seu aposento, a sobrinha a chamou:

— Tia! Algum problema?

— Nada, não. Perdi o sono e vim ver se você estava bem. Achei que estivesse dormindo.

— Eu também estou sem sono. Por que não conversamos um pouco?

Jacira sentou-se à beira da cama de Lúcia.

— Está bem, minha filha. Já que você não consegue dormir, vou aproveitar para lhe contar uma coisa muito séria que aconteceu ontem à tarde.

E Jacira descreveu minuciosamente tudo o que a entidade trevosa havia lhe revelado, para espanto de Lúcia que ouviu estupefata.

— Conte para mim, Lúcia, do que você se lembra, afinal? – perguntou Jacira.

— Eu me lembro de estar com muito ódio do meu pai e do Geraldo e que este ódio aumentou muito depois de haver provado aquele vestido, sabendo que ele não servirá para a minha felicidade, mas para o meu sofrimento. Quando eu estava a ponto de explodir de tanta revolta, vi a lâmina de barbear no cesto de aviamentos da costureira. Apanhei-a sem que ninguém percebesse e corri para o quarto. Após trancar a porta, perdi a noção de tudo. Quando recobrei os sentidos, a senhora estava chorando.

— Lúcia, minha querida! Pedi a Deus em minhas orações uma resposta para o que aconteceu e a tive em sonho. O que atraiu essa entidade impura que lhe envolveu e quase provocou uma desgraça, foram os seus próprios pensamentos. Foi o seu ódio, a sua mágoa e o seu desejo de vingança. Eu sei que o momento não é dos melhores para você, mas todos nós passamos por provações na vida. Não digo para você aceitar com naturalidade a imposição absurda do seu pai, mas não fique remoendo tanto ódio. Faça diferente, ore, peça a Deus que lhe dê forças para suportar a provação. Tudo o que acontece na vida tem um porquê e cabe a nós confiarmos na justiça divina, que pode até tardar, mas não falha nunca. Livre-se desses sentimentos negativos que estão lhe consumindo, substitua-os pela prece, pela paciência e, principalmente, pela esperança. Creia no futuro, tenha fé em Deus! Na hora certa as coisas tomarão o rumo apropriado.

Jacira percebeu que a sobrinha estava soluçando baixinho e a acomodou em seu colo. Ficou acariciando os cabelos de Lúcia, aconselhando-a e pedindo a Deus que a fortalecesse.

— Tia, a senhora me faz um favor?

— Quantos você quiser, minha querida!

— Tem uma coisa que eu gostaria que a senhora guardasse para mim.

— Do que se trata?

— De um par de alianças de junco que o Pedro fez quando éramos crianças. Há uma linda história por trás delas e eu não acho justo levá-las comigo para a casa do Geraldo.

— Guardarei com muito carinho, minha filha. Tenho certeza de que são muito especiais para vocês.

Horas mais tarde, quando os primeiros raios de sol da manhã que se iniciava começaram a invadir as janelas, enchendo a casa de luz e calor, tia e sobrinha ainda se encontravam abraçadas, unidas por um forte sentimento de amor e solidariedade.

O casamento de Geraldo e Lúcia ocorreu três meses depois, numa noite de sábado. Era inverno e o clima estava frio e chuvoso, como se retratasse exatamente o que ocorria no coração da noiva. Apesar de toda a pompa que cercou o acontecimento e da imensa quantidade de convites distribuídos, a igreja de Nossa Senhora do Carmo encontrava-se praticamente vazia.

Sob o véu branco, Lúcia, chorando de consternação, procurou com olhos aflitos a figura de Pedro entre os presentes, mas não encontrou. O grande amor de sua vida havia viajado uma semana antes; passaria seis meses estagiando em outras agências bancárias, em diversas cidades, a fim de melhor se preparar profissionalmente.

Com o coração dilacerado pela dor, o jovem buscara, no distanciamento, um refúgio para evitar a tentação de uma atitude precipitada naquele fatídico momento. Lúcia se viu mais desamparada do que nunca. Uma imensa sensação de fragilidade e impotência a envolveu. Nada mais havia a ser feito. O futuro estava definido e lhe reservava amargos dissabores.

Foi com um fio de voz, tênue e totalmente desprovido de convicção, após ouvir sem entender as palavras do padre Victor, perguntando se aceitava Geraldo como seu legítimo esposo, que ela sussurrou "sim" e uma terrível angústia a dominou por inteiro, provocando uma tormenta indescritível em seu jovem coração.

Ela não pôde evitar um forte sentimento de traição. Estava quebrando o compromisso assumido dez anos antes, quando seu dedinho infantil recebera a aliança de junco caprichosamente elaborada por um artesão muito especial, o então menino Pedro; único homem a quem amava de verdade e a quem haveria de amar por toda a vida.

Terceira Parte

O crime

8 — Decepção

A moral é a regra da boa conduta e, portanto, da distinção entre o bem e o mal. Funda-se na observação da lei de Deus. O homem se conduz bem quando faz tudo tendo em vista o bem e para o bem de todos, porque então observa a lei de Deus.

LE – *Questão 629*

Pedro estava se barbeando quando o telefone tocou. Impacientou-se, pois não queria se atrasar. Naquele dia, o banco seria visitado por alguns diretores e ele pretendia estar impecável para recebê-los. Há quatro anos assumira a gerência e vinha desenvolvendo de maneira tão brilhante as suas funções, a agência bancária havia se expandido tanto, que alguns membros da cúpula da empresa resolveram visitá-lo em seu ambiente de trabalho. Queriam conhecer, na prática, o resultado de algumas ideias inovadoras criadas e implantadas pelo jovem gerente na administração financeira.

Nessa ocasião, Pedro havia adquirido um belo apartamento num bairro novo da cidade e morava só, contando apenas com os serviços de uma empregada que chegava de manhã, realizava as tarefas domésticas e retirava-se à tarde. Convidados a morar com ele, os pais se recusaram, alegando estarem já muito velhos para tal mudança de vida.

— Nosso destino é a roça, meu filho. Aqui sua mãe e eu nascemos e aqui haveremos de morrer, pois é no campo que nos sentimos à vontade – disse-lhe, certa vez, o pai.

Mas o filho não os abandonara. Reformara-lhes a casa. Dera-lhes de presente móveis e utensílios e os ajudava financeiramente, para que não precisassem trabalhar tanto.

Pedro atendeu à chamada com o aparelho distanciado do rosto, para não sujá-lo com a espuma do creme de barbear. Ainda assim, a voz alta e grossa de Geraldo feriu-lhe os tímpanos.

— E aí, Pedroca! Tudo bem? Estou ligando para lhe convidar para uma pescaria neste fim de semana, que tal?

— Infelizmente não vai dar, Geraldo. Eu tenho um compromisso...

— Compromisso coisa nenhuma! Duvido! Nem namorada você tem, rapaz. Vamos pescar, na volta a Lúcia prepara uma peixada para nós. Você, mais do que ninguém, conhece e admira o tempero dela – insistiu, com um certo tom de malícia na voz.

Ao ouvir o nome de Lúcia, Pedro sempre sentia um aperto no coração, uma emoção renovada, uma sensação de desconforto, mas, ao mesmo tempo de euforia. Era estranho como depois de tanto tempo, ainda pudesse sentir-se assim. De qualquer modo, era essa a senha para fazê-lo aceitar os convites de Geraldo.

É claro que não desejava se aproximar de Lúcia com segundas intenções. Longe dele qualquer pretensão de induzi-la ao erro, à traição, mas o fato de estarem próximos de vez em quando, causava em ambos uma inexplicável sensação de paz. Era, ainda que imaginariamente, uma volta ao passado; um passado tranquilo, repleto de árvores, aves, flores, rios e risos. Eram as doces lembranças de um tempo bom, ingênuo e romântico, que lhes aqueciam os corações e os faziam sentirem-se vivos, quase felizes.

Pedro, que nunca percebera no gesto de Geraldo, ao desposar Lúcia, qualquer intenção leviana, mas apenas o fato de o amigo ter realmente se apaixonado por ela, passada a tristeza inicial, voltara a ver nele o mesmo companheiro de antes, sem um ínfimo sentimento de repulsa ou contrariedade.

Do mesmo modo se sentia com relação a Lúcia. Voltou a encará-la como a antiga colega, agradável e estimada dos tempos de infância. O tempo tratara de arrefecer a sua decepção e os maus sentimentos por ela causados. Os incontidos vendavais provocados pelo descontentamento da perda, com o passar dos anos, tornaram-se brisas suaves e, de certo modo, até confortadoras.

A perda não havia sido total, pensava Pedro, afinal o grande amor de sua vida, embora não sendo sua do modo como pretendera, estava ali bem próximo e só o fato de poder vê-la, às vezes, já era motivo bastante para fazê-lo se sentir em paz.

Definitivamente, Pedro não guardara nenhum vestígio de rancor em seu coração. Procurara entender até mesmo a possível fraqueza da filha do Zé Jagunço, pelo seu desmedido apego ao dinheiro. Ou não seria? Teria ela se casado por amor a Geraldo e ele, Pedro, é que não entendera os sentimentos dela?

De qualquer modo, tudo isso agora fazia parte do passado. As coisas já estavam bem resolvidas; Geraldo e Lúcia pareciam felizes e, mais cedo ou mais tarde, haveria de surgir em sua vida, uma mulher que também o completasse, embora essa possibilidade lhe parecesse bastante remota.

Pedro possuía atributos suficientes para atrair o interesse de qualquer moça em busca de casamento e atraía mesmo. Era um rapaz bonito, inteligente, educado e religioso. Possuía um razoável padrão de vida, senão rico, ao menos bem estabilizado. Inúmeras foram as tentativas de seduzi-lo, inclusive daquelas moças ditas bem nascidas, por serem filhas de homens ricos e poderosos. Com nenhuma delas, no entanto, o bancário se encantou.

Chegou a tentar algumas poucas vezes. Deixava-se fisgar, iniciava um tímido namoro por um curto período de tempo, tentava se apaixonar, mas logo vinha a frustração, o relacionamento caía numa rotina insuportável. E o rapaz, constrangido, pedia desculpas e saía de cena, deixando a pretendente a ver navios.

— Não tem jeito – diziam revoltadas. — A Lúcia enfeitiçou este rapaz. Mesmo casada com outro homem, vive enfiada na cabeça dele.

Tais comentários, temperados, por vezes, com fortes pitadas de malícia e despeito, saíam do campo das brincadeiras e tomavam ares comprometedores. E a ação inconsequente das línguas ferinas vivia lançando nos ares os germens nocivos da desconfiança, aumentando ainda mais os maus sentimentos cultivados na natureza embrutecida de Geraldo.

Fazia mais de sete anos que Geraldo e Lúcia estavam casados. No entanto, a relação entre os dois assemelhava-se muito mais a uma triste tragédia do que a um casamento razoável. Sem conseguir nutrir pelo marido um mínimo sentimento de amor, devotando-lhe tão somente desprezo e mágoa, Lúcia nunca passou de uma esposa fria, desinteressada e insatisfeita. Não deu a ele um único filho. Não que evitasse engravidar-se ou que abortasse. Simplesmente não engravidava. Parecia haver, dentro de si, uma força invisível que rejeitava tudo o que proviesse dele.

Pouco tempo depois do enlace matrimonial, Geraldo, convencido de que jamais obteria da esposa o devotamento de uma amante, desistiu das investidas. Passou a se comunicar com uma ex-namorada de Belo Horizonte, uma mulher a quem havia conhecido numa casa de jogos e que lhe havia proporcionado, à época, voluptuosos prazeres sensuais. Arrebanhou-a, instalou-a num sítio e passou a viver mais tempo ao lado da amásia do que da esposa.

Lúcia, embora não sabendo e não fazendo a menor questão de saber dos detalhes da decisão tomada pelo marido, percebeu logo o que havia ocorrido e se sentiu aliviada. Finalmente ficaria livre de suas investidas. Nunca fizera questão de muita intimidade com ele. Não havia entre o casal a menor afinidade e até o cheiro de Geraldo, sempre acentuado por tabaco e álcool, a enojava. Não se sentia à vontade e, por mais que se esforçasse para negar, era obrigada a admitir que nunca conseguira tirar Pedro do coração.

A cada vez que se submetia às vontades do marido, aceitando uma relação mais íntima, sentia-se como se estivesse sendo violentada ou que estivesse, de certo modo, traindo o verdadeiro amor de sua vida.

Para infelicidade de Gumercindo, nenhum neto lhe fora dado, nem o comportamento irresponsável do filho mudara. O velho fazendeiro percebeu, tarde demais, que fora ludibriado por Geraldo; que a promessa feita naquele fim de domingo, ao pôr do sol, num tom de voz macio e suplicante, apenas revelara mais uma das incontáveis facetas do rapaz: ele era também mentiroso.

Geraldo continuou, mesmo depois de casado, sendo o boêmio, bêbado e jogador de sempre. Gumercindo arrependeu-se amargamente de haver se tornado cúmplice daquele jogo infame, mas compreendeu muito tarde o quanto havia se enganado.

Aos poucos, foi se deixando corroer pela amargura e pela mágoa. Adquiriu uma grave enfermidade cardíaca e desencarnou, vítima de um infarto, cinco anos após o casamento do filho, completamente só e com a imensa frustração de ver arruinados todos os seus planos futuros. Depois da morte de Gumercindo, Geraldo, que não tinha a menor intenção de administrar a fazenda, por incapacidade e por preguiça, arrendou-a e comprou uma casa numa rua isolada, na cidade, onde praticamente exilou a esposa.

Outro que se decepcionou imensamente com Geraldo foi o Zé Jagunço. Certo de que obteria vantagens financeiras com o casamento da filha, não conseguiu angariar, da vergonhosa trama, um centavo sequer. Ao contrário, precisou se armar de muita astúcia para não ceder ao constante assédio do genro e acabar lhe patrocinando, por meio de empréstimos que nunca seriam quitados, as infindáveis rodadas de carteados, onde o dinheiro era torrado todas as noites feito palha seca.

Para Geraldo, a condição privilegiada de homem rico não significava andar em dia com suas obrigações financeiras. Ao contrário, usava justamente essa condição para enganar suas vítimas. Comprava a prazo tudo o que lhe fosse oferecido, levantava empréstimos com qualquer pessoa que lhe oferecesse oportunidade e, simplesmente, ignorava a necessidade de quitar seus débitos. Quando cobrado, inventava desculpas esfarrapadas, desconversava e, se o credor insistisse em receber, a coisa terminava em briga.

Muito cedo, sogro e genro, por suas naturezas igualmente agressivas, acabaram se confrontando.

Certa vez, durante uma discussão por causa de uma dívida que Geraldo havia contraído no armazém e que se recusava a honrar, engalfinharam-se.

Fisicamente mais forte, apesar da idade mais avançada, Zé Jagunço aplicou uma violenta surra no genro que, ferido muito mais em seu orgulho do que propriamente no corpo, prometeu matá-lo.

— Tente me matar e veremos quem pode mais – desafiou Zé Jagunço.

Depois disso, passaram a se evitar. No fundo, havia entre ambos um temor recíproco, um velado e inconfessável medo da estupidez do outro. Os dois se conheciam o suficiente para saberem do que eram capazes e cada um, a seu modo, tratou de se prevenir.

Geraldo passou a andar sempre armado e o Zé Jagunço, por precaução ou outro motivo qualquer, vendeu o comércio e simplesmente desapareceu da cidade. Nunca mais ouviram falar dele e de sua família naqueles arredores. Somente Lúcia ficou para trás.

9 — Revelação

Haverá maiores tormentos que os causados pela inveja e o ciúme? Para o invejoso e o ciumento não existe repouso: sofrem ambos de uma febre incessante. As posses alheias lhes causam insônias; os sucessos dos rivais lhes provocam vertigens.

ESE – Cap. V, Item 23

Nas vezes em que Pedro ia à sua casa, sempre a convite de Geraldo e tão somente na companhia dele, Lúcia se sentia imensamente feliz. Quando o rapaz se despedia, beijando-lhe as mãos, uma tristeza aterradora lhe invadia a alma. Mas ela se mantinha firme. Morria de medo de que seus olhos a traíssem na frente do marido e do próprio Pedro que, certamente, condenaria a sua atitude, pensava com razão.

Para Geraldo, o motivo de estar sempre confrontando Pedro e Lúcia era uma forma de fazê-los sofrer. Ele tinha certeza de que nenhum dos dois tomaria a iniciativa de traí-lo, devido ao bom caráter de suas naturezas. O filho de Gumercindo não tinha dúvida do imenso amor que unia aquele casal e, justamente por isso é que os odiava tanto, embora dissimulasse os seus propósitos, fingindo um grande carinho por Lúcia e uma imensa amizade por Pedro.

O que despertava nele esse ódio era o fato de nunca ter se sentido amado de verdade por ninguém. Aliás, a própria amásia que ele sustentava, embora vivesse jurando que o adorava, não era, aos olhos dele, digna de qualquer confiança. Ele estava acostumado a pagar para conseguir a atenção das mulheres, desde o tempo em que gastava o dinheiro do pai nas casas noturnas da capital mineira. Casara-se com Lúcia por causa da ganância do pai dela e não porque ela o desejasse. Nunca se envolvera numa relação sincera, onde prevalecesse o sentimento e não o interesse material.

Assim, promovia encontros e mais encontros entre Pedro e Lúcia em sua casa. Muitas vezes, deixava a esposa e o amigo a sós por algum tempo para tentar flagrá-los em uma atitude comprometedora que justificasse uma reação agressiva de sua parte, algo que pudesse ser classificado como legítima defesa da honra.

Mas nunca vira nada de anormal. Pedro e Lúcia se tratavam como irmãos e demonstravam um respeito imenso por ele, que continuava obcecado pela ideia de uma traição que, para seu desespero, nunca se concretizava.

Naquele domingo, após a pescaria do sábado à noite, reuniram-se para saborear a peixada feita por Lúcia que, apesar das atribulações dos últimos anos, continuava sendo uma das mulheres mais bonitas da cidade. Sua beleza singela era enriquecida agora pelos atrativos do início da madureza física e por uma certa languidez, auferida no sofrimento de seu coração.

A presença de Pedro a deixava imensamente emocionada. Procurava disfarçar como podia, mas era latente o seu bom humor, a sua voz mansa e os seus tímidos sorrisos nesses encontros. Tudo isso era notado e odiado por Geraldo que, uma vez mais, naquele dia, assumiu a costumeira espionagem.

Intimamente irritado porque Pedro, por ingenuidade, havia falado durante a pescaria dos elogios que recebera dos diretores do banco e das boas perspectivas futuras, como a possibilidade de assumir a gerência de uma agência maior em outra cidade, Geraldo bebeu além da conta naquele domingo. Para ele, cada degrau galgado pelo bancário era como uma espada cravada em seu peito. Não conseguia engolir a ascensão do menino pobre e, a seu ver, pequeno, fraco e desenxabido. No fundo, invejava-lhe a inteligência, os bons modos e a capacidade de angariar, com naturalidade, tanta simpatia; coisa que para Geraldo era praticamente impossível.

Com o ânimo exaltado pelo efeito do álcool, Geraldo, pela primeira vez desde que desposara Lúcia, deixou escapar algumas informações que foram colhidas pelos ouvidos atentos de Pedro.

— Você pensa que sabe tudo, não é, Pedroca? Você e o idiota do velho Gumercindo, que o diabo já levou faz tempo. Sabem nada! Eu provei que sou bem mais esperto do que vocês. Consegui ser o dono das coisas que os dois mais gostavam. Dele, fiquei com a fazenda e de você, Pedroca... De você... Fiquei com o quê? Do que você mais gostava, Pedroca? – e ria com sarcasmo, bebendo e assoprando na direção de Pedro a fumaça do seu fétido charuto.

Foi a primeira vez que Pedro começou a ver o amigo com a desconfiança de que algo de muito errado havia acontecido. Ora, a única coisa que lhe interessava verdadeiramente era o amor devotado a Lúcia. Estaria Geraldo se referindo àquilo? Procurou os olhos da mulher, inquisitivo, mas ela os desviou, constrangida.

Geraldo, com seu tom de voz irônico e provocativo, continuou falando, bebendo, desafiando Pedro. Parecia disposto a cometer qualquer insanidade naquele momento.

Vendo que a situação estava ficando sem controle, o bancário decidiu ir embora. Precisava afastar-se dali para raciocinar. Afinal, o que teria acontecido? Só Lúcia poderia esclarecer, mas ela jamais o faria na frente do marido. Seria uma loucura! Essa era a oportunidade que Geraldo sempre esperara para matá-los sem pestanejar. Levantou-se num salto e foi embora sem se despedir. Geraldo continuou xingando, bebendo e fumando em total desequilíbrio.

Lúcia teve uma crise de choro e se trancou no quarto. Num primeiro momento, voltou a sentir ódio pelo marido, mas logo se lembrou da má influenciação sofrida na casa da tia e, temerosa de atrair para junto de si uma entidade inferior, que a induzisse a novos erros, elevou o pensamento a Deus e pediu auxílio.

Chorava também por se ver ameaçada de não ter mais Pedro por perto. Com o coração apertado de dor, ouvira a conversa toda. Provavelmente ele receberia a promoção e seria enviado para uma cidade distante. A possibilidade de perdê-lo de vista a fez desesperar-se. Diante do marido, precisou se controlar, fingir indiferença, mas, trancada em seu quarto, deu vazão ao sofrimento e passou a tarde inteira chorando.

Em sua casa, Pedro estava cada vez mais inquieto. Deitou-se no sofá e ficou olhando o teto, tentando organizar os pensamentos desconexos que o estavam atormentando desde que ouvira as palavras ásperas de Geraldo.

"Fiquei com o quê? Do que você mais gostava, Pedroca?".

Ora, o que ele mais gostava não era uma coisa, era uma pessoa. Era Lúcia, e ele não somente gostava dela. Amava-a imensamente. Geraldo ficara com Lúcia. Estaria se referindo a ela? O que haveria por trás daquela história toda?

Estava imerso nesses pensamentos quando o telefone tocou. Faltou-lhe vontade para atender, deixou o aparelho tocar até que a chamada se transferisse para a secretária eletrônica. Mas, quando ouviu a voz chorosa de Lúcia, correu e, trêmulo, a atendeu. Era a primeira vez que recebia uma ligação dela desde que a moça se casara.

— Pedro, precisamos conversar urgentemente – ela disse em prantos.

— Eu sei, mas de que jeito? Quando poderemos nos encontrar? E onde?

— Pode ser hoje à noite, aqui em casa.

— De forma alguma! Como é que eu vou à sua casa sem ser convidado pelo Geraldo? Por acaso ele não está aí?

— Há muito tempo ele não dorme em casa, Pedro. O Geraldo tem uma amante e é com ela que vem dormindo nos últimos anos. Mas isso é assunto para conversarmos aqui. Não tenha receio, venha para cá, por favor!

Quando pôs o fone no gancho, Pedro não estava ainda muito convicto de que deveria fazer aquilo, mas o apelo de Lúcia era forte demais para não ser atendido.

Com o coração sobressaltado, pediu a Deus que o protegesse e tomou a decisão de ir.

10 — O encontro

Dois seres se aproximam um do outro por circunstâncias aparentemente fortuitas, mas que são resultado da atração de dois Espíritos que se buscam em meio à multidão.

LE – Questão 386

Havia chovido muito durante a tarde e o céu estava carregado de nuvens negras, o que aumentava ainda mais a escuridão da noite. Pedro seguiu cauteloso pelas ruas, protegido por um providencial guarda-chuva que lhe ocultava o rosto. Esgueirou-se pelo alto muro da casa e entrou rapidamente pelo portão que, estrategicamente, fora deixado destrancado para facilitar-lhe o acesso. Conseguiu entrar sem ser visto por ninguém.

Lúcia, que o aguardava com visível ansiedade, recebeu-o discretamente, na sala de visitas. Não se cumprimentaram, nem se tocaram, apenas conversaram sobre o que havia acontecido. Em poucos minutos, com a voz embargada e entrecortada por profundos soluços, a moça deu conhecimento a Pedro de tudo o que havia acontecido, desde a época em que seu casamento com Geraldo fora negociado entre seu pai e Gumercindo.

— Eu implorei ao meu pai que não me obrigasse a casar com o Geraldo, mas ele ficou furioso. Quando eu disse que lhe amava, ele me garantiu que o mataria se eu me recusasse a casar. Fiquei morrendo de medo. Tinha certeza de que ele não pensaria duas vezes antes de cumprir a ameaça. Por isso tomei a decisão de acatar a vontade dele. Aceitei ir para a casa da tia Jacira e de lá só regressar no dia do casamento. Minha tia é testemunha do quanto sofri naquela época. Precisei de muito conselho dela e de muita oração para não cometer uma loucura.

— Meu Deus, que coisa horrível você está me dizendo!

— Depois do casamento, decidi me esforçar para cumprir o papel de boa esposa. Tentei tirar você do pensamento e dedicar-me ao Geraldo, mas foi tudo inútil. Sempre o amei, Pedro. Nunca desejei outro homem em minha vida, que não fosse você. Sonhei a vida inteira com o nosso casamento, com o nosso lar, com os nossos filhos e até com os nossos netinhos... Quando vi que estava impedida de realizar esses sonhos, tive vontade de morrer e quase suicidei.

— Agradeço a Deus por você não ter feito essa loucura, Lúcia. Com certeza teria sido muito pior para todos nós, mas principalmente para você.

— Eu sei. A tia Jacira me explicou muita coisa. Foram os conselhos dela que me salvaram.

— E eu, feito um idiota, acreditando que o Geraldo lhe amava de verdade e que você estivesse se casando por interesse. Foi por isso que não me voltei contra ele ou tomei qualquer iniciativa para evitar o casamento de vocês.

— O Geraldo nunca me amou. Casou comigo para lhe magoar, porque sabia que você sim, me amava de verdade. Ele finge que é seu amigo, mas no fundo o odeia. E a maior prova de que não me ama é o fato de manter uma amásia há anos e de conviver muito mais com ela do que em nossa casa. Ele sente prazer em nos ver sofrendo, Pedro. É por isso que sempre traz você aqui. Sabe que para nós é um tormento horrível estarmos juntos, sem podermos nos tocar. Sabe que nós ainda nos amamos do mesmo jeito de antes e espera que fraquejemos na frente dele, cometendo qualquer ato infame, para dar a ele um motivo de nos matar.

Pedro estava assombrado diante daquele absurdo. Como pudera se deixar enganar durante tanto tempo pela personalidade hipócrita e egoística de Geraldo? Como não percebera tanta obviedade? Começou a remoer uma raiva quase incontrolável, mas, imediatamente, arrependeu-se do descontrole.

Respirou fundo e procurou se manter sereno. Novamente lembrou-se das orações fervorosas que seus pais elevavam a Deus nos momentos mais difíceis e, uma vez mais, pediu a Jesus que o mantivesse calmo e equilibrado.

— Lúcia, vou lhe fazer uma pergunta. Pense bem antes de responder, porque, dependendo da resposta, nossas vidas vão passar por uma grande transformação – olhou bem nos olhos dela. — Você pensa em corrigir o erro do passado? Quer retomar o curso de nossas vidas e ser a minha mulher? A companheira com quem pretendo viver o resto dos meus dias?

— Sim, meu amor! É tudo o que eu mais quero – respondeu Lúcia chorando, entre feliz e preocupada com a grave situação que se desenhava à sua frente.

— Então, não se preocupe com nada, meu amor! Eu vou embora agora, mas a partir deste momento vou me dedicar de corpo e alma a resolver os nossos problemas. Fique com Deus e confie em mim.

E, sem mais demora, Pedro saiu. Voltou para casa decidido a tomar uma atitude definitiva em sua vida. Lúcia, bastante emocionada e preocupada com os acontecimentos, suplicou a Deus que o protegesse e o orientasse a tomar as medidas mais sensatas e justas para a reparação da injustiça que os vitimara no passado. Naquela noite, nenhum dos dois conseguiu dormir.

A história era sempre a mesma. Todas as vezes que exagerava na bebida e ofendia Pedro, Geraldo o procurava no dia seguinte a fim de se desculpar. Foi exatamente o que fez naquela segunda-feira.

— Bom dia, Pedroca! – cumprimentou-o efusivamente, à porta do banco.

Na verdade, sua única preocupação era que tantas grosserias levassem Pedro a se afastar e, desse modo, ficasse ele privado do prazer de reunir o amigo e a esposa para fazê-los sofrer. Mas, naquela manhã, o comportamento do bancário o desconcertou. Com voz firme e bastante convicta, Pedro lhe respondeu:

— Bom dia Geraldo! Precisamos ter uma conversa muito séria ainda hoje.

Geraldo surpreendeu-se.

— É mesmo, amigão?

— Quero me encontrar com você, logo após o expediente do banco.

— Qual é o assunto? Posso saber?

— Não posso falar com você agora. Tem muito trabalho me esperando.

— É o que acontece com os grandes executivos, não é? – e Geraldo riu um riso claramente forçado.

— Onde nos encontraremos? – insistiu o bancário.

— Tudo bem, já que você faz tanta questão... Que tal no restaurante da estação ferroviária?

— Ótimo! Quem chegar primeiro espera o outro.

— Combinado.

— Ah, Geraldo, por favor, vê se não bebe.

— Não beber? Por quê?

— Porque é preciso que você esteja sóbrio. A conversa que vamos ter é mesmo muito séria.

— Parei de beber, desde ontem! – brincou o filho de Gumercindo e saiu gargalhando forçosamente, fingindo despreocupação.

Saindo dali, Geraldo correu para casa e perguntou a Lúcia o que havia acontecido.

— Não aconteceu nada – ela mentiu, ao notar o olhar furioso do marido.

— Aconteceu, sim senhora! O Pedro falou comigo de um modo que eu não gostei.

— Por que a surpresa? Ontem, você o tratou com muita grosseria...

— Não disse nada demais.

— Se eu fosse ele, não botava mais os pés nesta casa.

— Vocês andaram de mexericos na minha ausência, não foi?

— É claro que não...

— Não estou convencido, Lúcia! Sua voz está trêmula e você está branca feito um fantasma.

— Estou falando a verdade, Geraldo...

— Seus modos não condizem com suas palavras, dona Lúcia! Eu não sou nenhum idiota, ouviu?

Geraldo aproximou-se da mulher. Puxou-a grosseiramente pela nuca e encostou a fronte da esposa à sua testa, olhando-a firme nos olhos, como se quisesse penetrar-lhe a alma.

— Tenho ouvido muito mexerico sobre vocês dois, desde que nos casamos, dona Lúcia. Não confio em vocês, ouviu?

— São mentiras, Geraldo. Nunca houve nada entre mim e Pedro...

— Se você estiver mentindo; se aquele miserável andou de conluio com você, como eu estou pensando – puxou o revólver da cinta e o encostou na cabeça de Lúcia –, eu mato vocês dois! Entendeu? Eu mato vocês, seus traidores!

Lúcia quase desmaiou. Sentiu as pernas bambearem. Geraldo a afastou com um empurrão, jogando-a ao chão. A seguir, pegou uma garrafa de aguardente, encheu um copo, bebeu num só gole e voltou a encarar a esposa, inquisitivo, secando os cantos da boca com o dorso da mão esquerda; com a direita continuava empunhando o revólver.

Lúcia ergueu-se com dificuldade. Correu para o quarto e se jogou na cama, chorando desesperada. Geraldo assomou à porta, os olhos esbugalhados, rubros de ódio, a boca espumando. Parecia um bicho.

— Você fica aí, quietinha! Dependendo do que eu descobrir, mato aquele maldito na rua e venho acabar o serviço aqui.

Bateu a porta do quarto com violência e saiu pisando duro. Após alguns minutos, Lúcia ouviu quando ele se retirou, fechando a porta da sala. Ela sabia que precisava fazer alguma coisa. Avisar Pedro... Isso! Avisar Pedro imediatamente.

Mas quando tentou sair do quarto, percebeu que a porta havia sido trancada por fora. Decidiu telefonar, utilizando extensão do aparelho telefônico, porém, ao pegá-lo, descobriu que estava desligado. Geraldo havia pensado em tudo. A janela não permitia saída, porque o quarto ficava no segundo piso da casa e era muito alta. O que lhe restou fazer foi novamente implorar a Deus, numa sincera e sentida oração, que as coisas se resolvessem de uma forma pacífica, que nenhuma tragédia viesse a acontecer.

11 — Duelo

Quando a caridade for a regra de conduta dos homens, eles conformarão os seus atos e as suas palavras a esta máxima: Não *faças aos outros o que não queres que os outros te façam.* Então, *sim, desaparecerão todas as causas de discórdia, e com elas, as causas dos duelos e das guerras, que são duelos entre povos.*

ESE – Cap. XII, Item 14

Quase não havia fregueses no restaurante àquela hora da tarde, quando Pedro entrou. Geraldo ainda não havia chegado. O bancário pediu um lanche e ficou aguardando. Antes que o pedido fosse servido, Geraldo entrou no restaurante. Estava completamente bêbado. Aproximou-se e ficou parado, em pé, olhando fixamente para Pedro.

— Por que não se senta? – perguntou o bancário.

— Porque, dependendo do que você me disser, eu vou acabar com a sua vida agora mesmo e, para isso, é melhor que eu esteja em pé – respondeu o outro com voz mole.

— Você não cumpriu o nosso acordo, rapaz. Tinha que encher a cara? – e Pedro, percebendo que a situação estava bastante complicada, preparou-se para o pior. Elevou o pensamento a Deus, pedindo equilíbrio e proteção.

— Bebi com o meu dinheiro – Geraldo rosnou.

— Eu sei e não me importo com isso, mas o assunto que vamos conversar é muito sério. Seria bom...

— É sobre a Lúcia? – atalhou o filho de Gumercindo. — A mulher que você amava e que se casou comigo por causa do meu dinheiro?

— É sobre isso e muito mais. Porém, vai ser impossível tratar deste assunto com você nesse estado deplorável.

— Não me interessa se você quer falar ou não. Só quero que me responda uma coisa: você e a Lúcia conversaram longe de mim?

E Geraldo coçou o cabo do revólver, preso à cintura e que projetava uma saliência inconfundível sob a camisa.

— Mudei de ideia, Geraldo. Não quero mais conversar com você, hoje. Você está desequilibrado. É melhor que vá embora.

— Que é que há, seu covarde! Está se borrando de medo, é?

— Não é medo, Geraldo. É prudência. Você não está em condições de conversar civilizadamente.

— Eu sei que você e a minha mulher estiveram juntos. Ela confirmou, ouviu?

Pedro levou um choque ao ouvir tais palavras. Preocupou-se com Lúcia.

— Confirmou? E o que você fez?

— Não interessa. É problema meu!

O bancário sentiu o coração apertado. Lúcia poderia estar morta àquela hora.

— Está bem, Geraldo. Nós estivemos juntos, mas apenas conversamos...

— O quê? Vocês estiveram juntos? Quando?

— Ontem à noite, em sua casa. Você não tinha o direito de fazer o que fez conosco, Geraldo. Você foi uma víbora, um traidor!

— Traidores são vocês! Então eu estava certo. Aquela miserável negou, mas é verdade. Vocês se encontraram às escondidas!

Pedro percebeu haver mordido a isca, mas preferiu que fosse assim. Significava que Lúcia ainda estava a salvo.

— Acalme-se, Geraldo. Não aconteceu nada demais.

— Ah, não?! Você se encontra com a minha mulher, dentro da minha casa, a sós, e me diz que não aconteceu nada? Todo mundo sabe que vocês são loucos um pelo outro, desde crianças. Vivo ouvindo essas coisas o tempo todo.

— São fofocas. Sempre respeitei a Lúcia...

— Eu não sou idiota, Pedro! Sei muito bem o que acontece quando uma mulher casada acolhe um amante em sua casa.

Pedro percebeu que a situação estava incontrolável. Não havia mais como recuar. Por isso, decidiu abrir o jogo de vez.

— Estou sendo sincero, Geraldo. Nunca houve nada entre mim e Lúcia, mas já que a conversa tomou este rumo, vou lhe avisar que pretendo tirá-la daquela casa. Ela vai se separar de você e nós vamos ficar juntos.

— Ela é minha mulher, seu miserável!

— Não! Não é! Sua mulher é a amante que você arrumou. A Lúcia tem sido somente a sua prisioneira. Agora sei que você nunca foi meu amigo, assim também como nunca a amou. Inventou esse casamento por inveja, para impedir que eu e ela fôssemos felizes...

A acirrada discussão atraiu a atenção dos funcionários do restaurante que, prevendo um desfecho trágico, trataram de se proteger atrás do balcão. Nesse momento, tomado de ódio, Geraldo sacou o revólver e o apontou para a cabeça de Pedro.

— Vocês vão morrer, seus traidores. Primeiro você, aqui. Depois aquela infeliz, lá em casa.

Impulsionado por uma força instintiva, Pedro lançou-se contra Geraldo no exato instante em que este puxava o gatilho. Um salto às cegas que surpreendeu o inimigo. Mas, em vez do estampido do tiro que todos esperavam ouvir e que deveria estraçalhar a têmpora do bancário, ouviu-se apenas um estalido seco, inofensivo. A arma falhara no primeiro tiro.

Isso deu tempo suficiente para que os dois iniciassem uma violenta luta corporal. Pedro, apesar de fisicamente menor que Geraldo, mas munido de uma força extraordinária, conseguiu imobilizar-lhe parcialmente a mão que segurava a arma, desviando ao máximo a direção do cano. Ainda assim, Geraldo conseguiu efetuar um disparo. Um tiro a esmo, que acertou a coxa esquerda de Pedro. Com a perna gravemente atingida, o rapaz desequilibrou-se e caiu, arrastando consigo o adversário.

A luta continuou com uma incrível ferocidade, agora no chão. Os funcionários do restaurante, atônitos e impotentes, a tudo assistiam sem coragem para tomar qualquer atitude. Diante da terrível cena de violência, uma mocinha desmaiou. Geraldo e Pedro, caídos, continuam se digladiando.

Com o ferimento da perna sangrando muito, Pedro fraquejou e permitiu que Geraldo voltasse a apontar a arma para a sua cabeça. Estava quase vencido pelo cansaço, quando viu a lâmina de um punhal reluzir, preso à lateral da bota de seu opositor. Com uma agilidade surpreendente, o empunhou com a mão esquerda, enquanto, com a direita, tentava ainda desviar a direção do cano do revólver.

Pedro desferiu uma violenta punhalada no ventre de Geraldo, no exato instante em que outro tiro era disparado, queimando-lhe o couro cabeludo, atingindo-o na fronte, de raspão. A dor dilacerante da facada fizera com que Geraldo errasse a direção do tiro.

Após ser esfaqueado, Geraldo desfaleceu. Pedro, embora com muita dor e sangrando bastante, o desarmou e gritou aos funcionários do restaurante que chamassem uma ambulância urgente. Mesmo ferido, não estava preocupado consigo, mas com a grave situação de seu ex-amigo de infância.

Levados ao hospital, os dois foram submetidos a cirurgias. Pedro foi internado em pior estado de saúde do que Geraldo, pois havia perdido muito sangue devido ao tiro que levara na perna. O ferimento em Geraldo não era tão grave. Nenhum órgão vital fora atingido pelo punhal, mas, inexplicavelmente, sua condição física agravou-se demais.

Enquanto Pedro se recuperava lentamente, uma terrível infecção desenvolveu-se no organismo de Geraldo com tanta rapidez e com tal gravidade, que não houve meios de salvá-lo. Geraldo acabou desencarnando. Somente mais tarde foi que se veio a saber: o que o matou não foi o ferimento do punhal em si, mas o fato de a ponta da arma estar contaminada por diversos tipos de veneno letal. Bastante encrenqueiro, Geraldo cultivara muitos desafetos ao longo da vida, principalmente por causa de jogos e bebedeiras. Vivia dizendo que quando entrava numa briga era para vencer, sem importar o quanto isso lhe custasse. Não gostava de dar qualquer chance aos seus inimigos. Por isso, mantinha o hábito de infectar com venenos letais a ponta do seu punhal. Ironicamente, acabou se tornando vítima de sua própria crueldade.

Quarta Parte

A obsessão

12 — Recomeço

Vinde, pois, a mim, todos vós que sofreis e que estais carregados, e sereis aliviados e consolados. Não procureis alhures a força e a consolação, porque o mundo é impotente para dá-las.

ESE – Cap. VI, Item 7

No plano material, a vida seguiu seu curso normalmente. Convencidos da inocência de Pedro, devido ao seu excelente caráter, os diretores do banco ofereceram a ele todo o apoio jurídico de que precisava. Levado a julgamento, o bancário foi absolvido por unanimidade de votos. O testemunho dos funcionários do restaurante foi imprescindível para o veredicto que o inocentou. Ficou claro que Pedro jamais tencionara matar Geraldo, mas, apenas defender a sua própria vida e a vida de Lúcia.

Ao ir encontrar-se com Geraldo, Pedro não tinha a menor intenção de agredir seu ex-amigo, tanto que não levou arma alguma e fez questão de que o encontro acontecesse em local público. Nem mesmo a punhalada desferida por ele, em legítima defesa, teria matado Geraldo, se o próprio dono da arma não a tivesse infectado com veneno.

Após o incidente, Pedro foi convocado a assumir a gerência de uma filial do banco num bairro sossegado, na periferia da cidade de São Paulo. Ali, seguiu firme em seu trabalho, demonstrando sempre muita competência e responsabilidade, reconstruiu sua vida. Comprou uma bela casa com jardim, em uma rua arborizada, próxima ao trabalho, e convidou Lúcia para escolher a mobília do jeito que bem quisesse.

Um ano depois, casaram-se, numa cerimônia simples e quase sem convidados, em uma pequena paróquia da nova cidade, onde pretendiam passar o resto de suas vidas. Presentes, apenas os irmãos e os pais de Pedro, além de alguns colegas de trabalho.

O casamento foi realizado numa linda manhã de outono. O sol ameno e o céu, infinitamente azul, parecia mesclar-se ao azul dos olhos de Lúcia, de onde transbordava o mais puro sentimento de amor e gratidão.

Finalmente, a felicidade voltara a sorrir para o casal. O antigo sonho, cultivado desde a infância, era, por fim, realizado naquele dia tão especial.

— Oh, meu Deus, como eu amo este homem! – dizia para si mesma, uma sorridente Lúcia, enquanto galgava os degraus do altar, trêmula de emoção e felicidade.

Também Pedro estava visivelmente emocionado. De tão trêmulo, teve dificuldades para colocar a grossa aliança de ouro no dedo da noiva, provocando um amistoso gracejo no padre e nos convidados que presenciavam a cerimônia.

Naquele mesmo dia, viajaram em lua-de-mel para um hotel-fazenda, no Circuito das Águas, nas imediações da Serra da Mantiqueira, onde permaneceram por vinte dias. Ali, naquela paisagem ruralista, reviveram as emoções dos tempos passados. As tristezas estavam superadas; as antigas feridas, cicatrizadas. O futuro era promissor, e a felicidade, embora um pouco tardia, deveria ser o norte de suas vidas a partir de então.

Logo após retornarem da lua-de-mel, Lúcia começou a sentir umas alterações em seu estado físico e queixou-se com o marido:

— Pedro, estou me sentindo estranha.

— Estranha, como?

— Não sei explicar direito, mas são umas sensações que eu nunca experimentei antes. Acho que estou meio doente.

— Doente? Meu Deus, Lúcia! E você me diz isto com esta calma? Vamos procurar um médico.

— Calma, meu amor! É só um mal-estar, não estou sentindo dor alguma.

— Não importa! Vamos ao médico agora, porque eu não quero correr o risco de perdê-la nunca mais, ouviu?

E Lúcia começou a rir da ansiedade do marido.

— Está bem! Vamos ao médico, mas acalme-se.

Na clínica médica, Lúcia fez alguns exames e a espera pelo resultado provocou uma grande inquietação em Pedro.

— E então, doutora? Minha esposa está mesmo doente? – perguntou, ansioso, quando a médica o mandou chamar.

A doutora sorriu com brandura.

— Está mais saudável do que nunca.

— E qual foi o diagnóstico, doutora?

— Ah, o diagnóstico foi... Parabéns, papai!

Pedro arregalou os olhos.

— Quê?! Como assim?

— Sua esposa está grávida, seu Pedro.

— Mas ela não pode ter filhos...

— Quem lhe disse isto?

— Ela foi casada durante sete anos e não engravidou...

— Eu sei. Ela já me contou essa história. Talvez o ex-marido dela fosse infértil. Sua esposa não tem qualquer problema de ordem reprodutiva e, não duvide, o filho de vocês está a caminho.

— Oh, meu Deus! Muito obrigado por me proporcionar tanta felicidade! – exclamou o futuro papai, com os olhos marejados de emoção.

Naquele momento, Lúcia, que se ausentara por uns minutos, entrava na sala de consulta e os dois se abraçaram demoradamente, sob o terno olhar da médica que a tudo assistia, comovida.

Oito meses após, nasceu um lindo bebê, que recebeu o nome de Felipe. Um menino forte e sorridente que chegou para completar a felicidade no lar de Pedro e Lúcia. Um ano após, nasceu Henrique e, dois anos depois do nascimento deste, Lúcia deu à luz uma garotinha tão linda e meiga, que em tudo lembrava a mãe. Deram-lhe o nome de Helena, carinhosamente apelidada de Lenita.

Assim, a vida daquela família estava alicerçada nos mais sólidos pilares de amor e harmonia. Era uma relação construída pela resignação, pela esperança no futuro e pela paciência.

Se esta fosse apenas mais uma história de ficção, poderia terminar aí, pois estaria tudo muito bem. Mas a realidade é outra bem diferente. A vida não termina com a destruição do corpo material. Um inimigo desencarnado de forma violenta e que não aceite a condição do seu desencarne, julgando-se vítima de um malfeitor, pode ser muito pior do que um adversário encarnado. Ele não vai se conformar com a destruição de seu corpo físico e alimentará um ódio terrível pela pessoa que a provocou.

Tratam-se de indivíduos materialistas, que têm unicamente no corpo físico a realização dos seus prazeres e que vivem em função dos gozos materiais. A partir do momento em que o perdem, perdem também a capacidade de sentir prazer e só lhes restam o sofrimento e a decepção, pois não aprenderam a cultivar a menor satisfação em sua natureza espiritual.

Daí, esse Espírito desajustado – e uma multidão deles se acotovela à volta dos encarnados – espera apenas o momento oportuno para se lançar impiedosamente sobre aquele a quem direciona o seu ódio. Assim como um predador aguarda a sua presa, escondido atrás de uma moita ou de um tronco de árvore para atacá-la no momento oportuno, o obsessor também se mantém atento, aguardando um momento de invigilância de sua vítima, para se atirar sobre ela, manipulando o seu psiquismo, influenciando os seus pensamentos e as suas ações.

Enquanto a pessoa estiver atenta, mantendo-se em vigília, com o pensamento positivo, sempre direcionado a Deus, e as suas ações estiverem de acordo com as leis universais, é como se estivesse usando um escudo protetor sobre o qual o Espírito inferior não terá nenhum poder, pois seu campo vibratório estará numa sintonia bem mais elevada do que a do desencarnado.

Mas, se o encarnado negligencia os seus pensamentos e as suas ações, rebaixa o seu campo vibratório para a mesma faixa do Espírito desajustado e é, neste momento, que oferece a oportunidade para a ação do obsessor.

13 — Reencontro

Não se deve esquecer que após a morte do corpo o Espírito não é subitamente transformado. Se sua vida foi repreensível é que ele era imperfeito. Ora, a morte não o torna imediatamente perfeito.

LE – Questão 997

No plano espiritual, após o traumático desencarne, com a sensação da embriaguês, confuso e tomado por um ódio indissipável, Geraldo vagou durante muito tempo pelas densas trevas do Umbral. Um terrível desordenamento mental mantinha-o completamente zonzo durante todo o tempo.

A paisagem inóspita, com seus relevos acinzentados, grutas obscuras, árvores desfolhadas e negras e a ausência de um ínfimo resquício de luz, lembrava os restos fúnebres de uma floresta consumida pelas chamas.

Vez ou outra, vultos de aparência indistinguível passavam próximos dele, observavam-no com certa curiosidade e se afastavam, ora destilando impropérios, ora emitindo dolorosos e agônicos gemidos. Geraldo simplesmente os ignorava.

Seguia sempre adiante, ou pelo menos tinha a impressão de assim o fazer, mas a paisagem imutável e enevoada que se desenhava indefinidamente em todas as direções não o permitia ter a certeza de estar andando em linha reta ou em círculos.

Geraldo recriava, mentalmente, a cena do duelo travado com Pedro, revivendo-a repetidamente, mas encarando os motivos que os levaram ao embate de modo equivocado. Em sua concepção, Pedro fora o falso amigo que o traíra e assassinara covardemente.

Repetindo para si mesmo uma história bem diferente da realidade, cada vez mais se convencia de terem protagonizado o seguinte episódio:

"Eu era filho de um próspero fazendeiro. Tinha um excelente futuro garantido, devido à riqueza de meu pai. Pedro era um invejoso que não se conformava com a condição de filho de lavradores, sem qualquer perspectiva futura. Inconformado com a sua mísera condição, aquele pilantra criou mexericos; envenenou meu pai contra mim, convencendo-o de que eu era preguiçoso e irresponsável. Depois, o cafajeste não se conformou por eu ter desposado Lúcia e passou a assediá-la, não dando trégua em suas investidas. Frequentava sempre a nossa casa, comia em nossa mesa e, com toda certeza, tentou conquistá-la, só para se vingar de mim, por morrer de inveja do meu destino mais afortunado. Quando descobri que ele, aproveitando-se de minha ausência em casa, tivera um encontro a sós com a minha esposa, decidi fazer o que qualquer homem honrado faria: fui tomar satisfação. O canalha, não só teve a ousadia de confirmar na minha cara o furtivo encontro, como me desafiou, dizendo que tiraria Lúcia de mim. Eu precisava reagir. Sou um homem, não um mosca-morta! E o que aconteceu? Matou-me covardemente, aquele cafajeste! Matou-me com uma facada na barriga. Eu o odeio! Mil vezes odeio aquele miserável!"

E repetia infinitamente para si mesmo essa lengalenga. E o tempo seguia, implacável. E o ódio de Geraldo se expandia cada vez mais.

Um dia, Geraldo se deparou com um grupo de desordeiros que avançou sobre ele, gritando obscenidades, desafiando-o, agredindo-o, impiedosos e persistentes. Sempre segurando as vísceras expostas pelo ferimento aberto em sua barriga, o Espírito desequilibrado tentou se proteger, mas era inútil. Não havia meios de se esconder, pois o grupo raivoso que o perseguia o encontrava em qualquer lugar. Geraldo reconheceu entre eles alguns de seus antigos desafetos das mesas de jogos. Pessoas a quem havia agredido e trapaceado enquanto encarnado.

A ferrenha perseguição acabou de vez com o pouco de tranquilidade que lhe era possível ter no Umbral e fez aumentar ainda mais a sua ira. Reunindo todas as forças que ainda lhe restavam gritou a plenos pulmões:

— *Peeeedro,* seu miserável! Onde está você?

Imediatamente, viu-se envolvido numa espécie de redemoinho que o conduziu a um local desconhecido. Tinha uma visão aérea do ambiente e custou a se situar. Aos poucos, foi se localizando e, à medida que ia se dando conta de onde estava, um sorriso sarcástico e sepulcral desenhava-se horrivelmente em seus lábios.

Geraldo estava dentro de uma agência bancária. Ainda estava fechada ao público e, em seu interior, havia somente alguns funcionários. Dentre eles, reconheceu Pedro. Seu desafeto estava sentado diante de uma grande mesa, absorto na leitura de um pequeno livro.

— Maldito! – rosnou o Espírito desajustado. — Consegui lhe encontrar. Agora você me paga, seu miserável!

Os olhos de Geraldo tomaram uma coloração avermelhada, suas narinas se dilataram, uma espuma grossa escorreu-lhe pelos cantos da boca, uma vertiginosa onda de ódio o tomou por completo.

Atirou-se com incontrolável ímpeto sobre Pedro, disposto a estrangulá-lo. Mas, antes que pudesse tocar no bancário, uma força extraordinária o repeliu com igual violência e ele foi atirado contra a parede com tanto vigor, que alguns pedaços apodrecidos de suas vísceras saltaram do ferimento e ficaram espalhados pelo chão.

O susto foi imenso. Geraldo procurou, em vão, distinguir o autor da reação. Não viu ninguém. Achou melhor agir com mais prudência. Aproximou-se lentamente de Pedro, mas a força que o repelira continuava envolvendo e protegendo o bancário, era como uma invisível redoma que o mantinha ileso a qualquer investida. Ainda assim, o obsessor conseguiu visualizar a leitura que Pedro fazia. Tratava-se de uma pequena obra, onde estavam reunidas os quatro evangelhos. Pedro tinha o hábito de ler e fazer uma prece antes de iniciar os trabalhos.

A empolgação de haver localizado seu inimigo deu lugar à frustração de percebê-lo inatingível aos seus propósitos, e Geraldo o odiou ainda mais por isto. No entanto, estava decidido a se vingar. Ficaria por ali. Seguiria Pedro a distância. Vigiaria todos os seus passos. Cedo ou tarde acabaria encontrando um meio de atingi-lo. Era uma questão de tempo, coisa que Geraldo tinha em demasia. Agora que reencontrara o "falso amigo"; o "traidor que o assassinara por inveja", não iria descansar enquanto não o destruísse.

Observando o movimento do banco, Geraldo afinou-se com um dos rapazes que trabalhava no caixa. Era bastante jovem, chamava-se Marcelo e tinha por companheiros dois Espíritos zombeteiros que o inspiravam a cometer os atos mais mesquinhos.

Marcelo, que possuía sensíveis faculdades mediúnicas, mas que não tinha a menor noção do que isso representava, mantinha abertas as portas de sua mediunidade aos Espíritos inferiores. Assim, transformava seu compromisso mediúnico em uma espécie de diversão, e procurava distrair os colegas com um interminável repertório de anedotas escabrosas e pornográficas.

Dizia ser o "rei da alegria" e levava, todos os dias, sempre uma piada nova para contar. Não sossegava enquanto não fazia todos os funcionários do banco rirem da nova invenção e dizia orgulhoso:

— Um dia, vou escrever um livro de anedotas inéditas e vou ganhar muito dinheiro. Vocês vão ver só!

E vivia nesse mundo de fantasias, julgando-se muito inteligente e perspicaz, sem ter a menor noção de que quem o inspirava a criar semelhantes baboseiras eram os dois Espíritos zombeteiros. Eles se divertiam muito mais com os despropósitos de Marcelo do que com as próprias piadas que inventavam.

Geraldo encontrou em Marcelo a porta de acesso para aproximar-se de Pedro e esta percepção o deixou bem mais confiante.

14 — Invasão

Que pensarão de mim, dizeis frequentemente, se me recusar à reparação que me pedem, ou se eu não a pedir àquele que me ofendeu? Os loucos, como vós, os homens atrasados, vos censurarão; mas os esclarecidos pela flama do progresso intelectual e moral, dirão que agis segundo a verdadeira sabedoria.

ESE – Cap. XII, Item 14

Naquele dia, após o expediente do banco, Pedro seguiu para a residência, que ficava a poucas quadras dali. Ia sempre a pé. Passou na padaria, onde comprou guloseimas para as crianças e na floricultura, onde quase todos os dias adquiria flores para presentear Lúcia.

Geraldo, que o seguia a distância, observou todos os passos de seu adversário. Ao aproximar-se de casa, Pedro foi recepcionado, ainda na rua, por Felipe e Henrique que, abandonando no jardim os seus brinquedos, correram ao encontro do pai e se atiraram em seus braços.

— Bênção, pai!

— Deus os abençoem, meus filhos!

— O que o senhor trouxe de gostoso hoje?

— Cocada e maria-mole.

— Oba! Podemos comer agora?

— Não. Só depois do jantar.

— *Ahhhh*!

E correram na frente.

— Mamãe, o papai trouxe flores pra você! São muito lindas!

Lúcia foi encontrá-lo no portão. Lenita em seu colo, estendeu os dois bracinhos em direção ao pai.

— *Qué cóio papá...*

Pedro e Lúcia se abraçaram e se beijaram com muito carinho, como sempre faziam.

— Como foi o seu dia, meu amor? – ela perguntou.

— Ótimo! E o seu?

— Como sempre. Essas crianças dão muito trabalho, me deixam quase louca e eu... eu simplesmente as amo!

E, sorridentes, entraram na casa.

Geraldo estava prestes a explodir de tanto ódio e inveja.

"Aquele maldito casou-se com Lúcia e teve três filhos com ela! Traidora! Foi incapaz de me dar ao menos um filho e para ele deu três! Eu os odeio! Eu os odeio e vou me vingar de todos eles. Ah, se vou!", ficou repetindo em pensamento.

Como não os conseguisse acompanhar no interior da residência devido à diferença de vibrações morais, o obsessor foi em busca de Marcelo e o encontrou bebendo num bar, em companhia de alguns amigos.

— Minha festa de aniversário vai ser um arraso! – dizia o rapaz com empolgação.

— Vai ter muita mulher bonita?

— Só gatona, rapaz! Tá pensando o quê? Se algum dia você vir mulher feia na minha casa, pode chamar a polícia que eu tô sendo assaltado.

Marcelo gargalhava, fazendo rirem também os dois Espíritos que o acompanhavam.

Quando Geraldo se aproximou do rapaz, demonstrando claramente a intenção de acompanhá-lo e aproveitar os fluidos alcoólicos de sua bebida, os zombeteiros tentaram impedi-lo. Mas, tão logo perceberam a terrível vibração de seu ódio, acovardaram-se, recuaram e o deixaram à vontade. Geraldo incentivou Marcelo a ficar bebendo até de madrugada.

Quando o rapaz finalmente se retirou, o Espírito vingativo voltou a vigiar a casa de Pedro, com cautela, pois pressentiu que também em torno dela havia uma proteção invisível que o mantinha forçosamente a certa distância.

Às oito horas da manhã, chegou a empregada doméstica de Lúcia e, mais uma vez, as esperanças de Geraldo se reacenderam. A mulher, que se chamava Cilene, tinha a cabeça cheia de maus pensamentos.

Frustrada por ter sido abandonada pelo marido, que a trocara por outra mais jovem, Cilene remoía imenso ressentimento. Como não podia extravasar a raiva sobre o ex-marido, que desaparecera, extravasava-a sobre tudo e sobre todos.

Para se vingar dele, andava enfiada em um desses ambientes espirituais, onde uma mãe-de-santo inescrupulosa e mercenária vivia arrancando dinheiro da infeliz em troca de mandingas para arruinar a vida do marido fugitivo. Cilene alimentava uma dissimulada inveja da patroa por vê-la tão amada, cercada de carinhos e cuidados, paparicada pelo esposo e pelos filhos.

Ela não conseguia evitar os maus pensamentos, os desejos inconfessáveis de se vingar do mundo por sua particular infelicidade. Tais pensamentos eram pressentidos por um atento Geraldo, que ficou muito contente em conhecê-la.

As más influências adquiridas junto à médium mercenária, que era assessorada por Espíritos trevosos e também interesseiros, colocavam-na em perfeita sintonia com as baixas vibrações de Geraldo e se tornaram um verdadeiro convite para que ele, por intermédio dela, invadisse aquele lar.

Ao entrar acompanhando Cilene, Geraldo notou que o ambiente no interior da casa era desagradavelmente harmonioso para as suas pretensões. Todos falavam em voz baixa e se tratavam com educação e respeito. A mobília, apesar de bonita, era modesta e sem ostentação. Pedro, Lúcia e os meninos estavam sentados à mesa, tomando café. Lenita dormia num pequeno berço cor-de-rosa, no quarto dos pais.

Pedro consultou o relógio.

— Vamos, meninos! Peguem suas mochilas, que está na hora.

Os garotos, vestidos com seus uniformes colegiais, beijaram a mãe e saíram de mãos dadas com o pai. Após despedir-se de Lúcia com um carinhoso beijo, Pedro seguiu com os filhos rua afora, sorridente e solícito. Rotineiramente, os deixava no colégio antes de seguir para o trabalho. Geraldo permaneceu um tempo ao lado de Cilene, observando a rotina do ambiente.

Lúcia era uma perfeita dona de casa. Dedicava-se inteiramente a cuidar do marido e dos filhos. Tratava a empregada com muito carinho, sempre incluindo em suas ordens as expressões: "por favor" e "obrigada". Cilene sorria, fingia reciprocidade de candura, mas era tudo falso. Geraldo percebia claramente. A empregada odiava a patroa, as crianças e achava Pedro um boçal; um pateta romântico e atoleimado que só servia para fazer-lhe o pagamento no fim do mês.

Quanto mais percebia a natureza má e invejosa de Cilene, mais Geraldo se comprazia. Ali estava uma grande aliada para os seus infaustos propósitos.

Mais tarde, Geraldo seguiu para o banco. Marcelo estava conversando com um colega.

— Não sei que diabo me deu, ontem à noite. Pretendia tomar duas cervejas e acabei madrugando na rua. Bebi por uma semana inteira. Tô com uma ressaca braba!

— E qual vai ser a piada de hoje?

— Ih, nem pensei em fazer piada! Peguei um pifão, cara! Amanhã eu trago uma novinha em folha.

Geraldo aproximou-se de Marcelo e assoprou em seu ouvido:

"Vou convidar o chefe para o meu aniversário. Quem sabe me aproximando mais dele, eu não consigo uma promoção?"

E o rapaz acreditou ter tido uma ideia maravilhosa.

— Com licença, seu Pedro!

— Pois não, Marcelo. Algum problema?

— Problema nenhum. Só queria lhe fazer um convite.

— Pois, faça!

— Gostaria de convidá-lo para o meu aniversário. Vou fazer uma festinha. O pessoal todo tá indo.

— Obrigado pelo convite, Marcelo, mas, infelizmente, não poderei ir.

— É como o pessoal diz... – e o rapaz coçou a nuca, fingindo desapontamento.

— O que é que o pessoal diz, Marcelo?

— Que gente rica não vai em casa de pobre. Não se mistura...

— Você está sendo injusto Marcelo. Eu não sou uma pessoa assim...

— É uma boa oportunidade pro senhor provar que o pessoal tá enganado.

— Está bem, Marcelo. Eu vou à sua festa.

— Valeu, chefe! Vou espalhar a notícia pra galera.

E Marcelo saiu todo alegre.Porém, mais contente estava Geraldo que, dizia para si mesmo:

— O moleque é fácil de ser sugestionado. Repetiu todas as minhas palavras. Seguiu direitinho o roteiro que eu tracei. É por isso que aqueles dois idiotas zombeteiros se divertem tanto com ele.

E esfregou as mãos, demonstrando grande satisfação.

"Estamos no caminho certo, meu amigo. É só uma questão de tempo", pensou com alegria.

15 — Crise conjugal

Aquilo em que consiste a felicidade terrena é de tal maneira efêmera, para quem não se guiar pela sabedoria, que por um ano, um mês, uma semana completa de satisfação, todo o resto da existência se passa numa sequência de amarguras e decepções.

ESE – Cap. V, Item 20

Sem que a família percebesse, as coisas começaram a mudar lentamente na casa de Pedro e Lúcia. Envolvida pela má influenciação de Geraldo, Cilene desenvolveu um verdadeiro ódio pelos habitantes do lar que lhe oferecia emprego. Começou a quebrar, deliberadamente, os objetos que Lúcia estimava e a jogar no lixo as pequenas peças de uso doméstico.

— Cilene, você viu onde está a peneirinha de coar o mingau da Lenita? – perguntava Lúcia com certa impaciência.

— Vi, não senhora. Vai ver os meninos botaram fora.

E ficava rindo por dentro ao ver o desespero de Lúcia em busca desta ou daquela peça que ela havia lançado fora por pura maldade. Divertia-se com as broncas que a patroa passou a dar nas crianças.

— Felipe, você andou mexendo nas gavetas do armário da cozinha?

— Não, mãe!

— Não minta pra mim.

— Eu juro, mãe. Não peguei nada.

— E você, Henrique?

— Também não mexi em nada, mamãe.

— Pois, já vou avisando: se eu pegar vocês brincando com as peças de uso da casa, vou lhes dar um corretivo, ouviram?

— Sim, mamãe!

E os meninos ficavam assustados, com os olhinhos muito arregalados, pois, devido ao bom comportamento que sempre tiveram, não estavam acostumados com aqueles tratamento.

A maldade de Cilene foi se intensificando cada vez mais. Um dia, colocou um remédio laxativo no suco, provocando uma diarreia generalizada na família e se divertiu muito com o desconforto causado em todos.

Passou a espreitar as conversas. Ficava escondida pelos cantos da casa, observando as atitudes de Pedro e Lúcia, buscando um meio de prejudicá-los. Aos poucos, a sombra obscura de sua maldade, ampliada em muito pela influência de Geraldo, foi contaminando a harmônica luminosidade daquele lar.

— Não tive como recusar o convite do Marcelo. Ele praticamente me chantageou para ir à festa do seu aniversário – disse Pedro a Lúcia, durante o café da manhã.

— Fez muito bem em aceitar, meu querido. Você precisa mesmo sair de vez em quando, socializar-se.

— Não faço a menor questão, Lúcia. Mas você não vai comigo?

— Não vai dar, querido! Não posso deixar as crianças sozinhas e não gosto de deixá-las com ninguém. Principalmente a Lenita, que é tão agarrada a mim.

Cilene acompanhou a conversa dos patrões e, em sua cabeça poluída por ruindades e desconfianças, foi logo dando asas à imaginação.

"Pilantra! Inventando histórias para enganar a esposa. Já deve estar envolvido com algum rabo-de-saia. Foi assim mesmo que o safardana do Clóvis começou. Uma festinha hoje, um joguinho de futebol amanhã. Sempre inventando uma desculpa para não me levar e, quando dei por mim, estava abandonada. Homem é tudo igual. Uns traidores! Uns infiéis mesmo!".

E inconscientemente aceitando as sugestões de Geraldo, Cilene se achou no direito de colocar as coisas em seu devido lugar.

No dia seguinte, véspera do aniversário de Marcelo, dois episódios quebraram a harmonia na casa de Pedro.

Após revirar a cozinha em busca de mais uns utensílios desaparecidos, Lúcia os encontrou, mais tarde, misturado aos brinquedos dos meninos.

— Pestinhas! Mentindo descaradamente pra mim. Assim que chegarem do colégio, vou dar-lhes um belo puxão de orelhas e colocá-los de castigo. Vão ver só!

Cilene sorria de contentamento. Havia preparado aquele flagrante e sentia-se realizada. Logo após, o telefone tocou e Lúcia atendeu.

— Alô!

— Olá, eu poderia falar com o Pedrinho? – perguntou do outro lado da linha, uma voz feminina, bastante melosa e provocativa.

— Pedrinho? Ah, você quer falar com o Pedro?

— Por favor!

— Olha, o meu marido está no trabalho e só retorna à tardinha. Posso ajudá-la em alguma coisa?

— Não, minha senhora. O assunto é particular. Obrigada!

Cilene, que espreitava Lúcia a distância ficou decepcionada ao ver sua reação de indiferença. Mas, embora aquele primeiro telefonema não tivesse provocado uma visível manifestação de ciúme em Lúcia, o que se deu a seguir foi insuportável.

O telefone passou a tocar a cada quinze minutos e, do outro lado da linha, ou aquela voz melodiosa e provocativa destilava maledicências, enchendo a cabeça dela de caraminholas, ou simplesmente não dizia nada, deixando-a profundamente irritada.

Quando Felipe e Henrique chegaram da escola, a mãe, com os nervos completamente abalados, deu-lhes uma tremenda bronca.

A tranquilidade da casa deixou de existir. Lúcia passou a ralhar com os meninos, ameaçando surrá-los, o telefone começou a tocar e ela já sabia que se tratava de mais provocações. As crianças, inocentes e assustadas, choravam o tempo todo. Lenita, que estava dormindo em seu berço, acordou aos gritos no meio de um pesadelo. Naquele dia, Geraldo se sentiu bem mais confortável dentro da casa de Pedro e Lúcia.

Quando o bancário chegou do trabalho, as coisas já estavam mais calmas. Lúcia nada comentou sobre os telefonemas que recebera, mas, no fundo, estava bastante intrigada com aquela história e, pela primeira vez na vida, tratou o marido com certa frieza.

— Você precisa distrair o meu convidado especial, Leda, ele não tá muito à vontade no meio da galera. Já tá meio coroa pra esse tipo de encontro – disse Marcelo para uma moça que acabara de chegar em sua festa.

Leda tinha pouco mais de vinte anos. Era morena, tinha longos cabelos negros, lábios carnudos e um corpo escultural. Insinuava profunda sensualidade, usando um vestido vermelho tão justo que delineava perfeitamente as curvas provocantes de sua feminilidade e desnudava-lhe parte dos seios e das pernas bem torneadas. Seu perfume, melífluo e envolvente, era estonteante.

— Aquele bonitão ali? – perguntou sorridente. — Nem precisava ter mandado. Farei a minha parte com muito prazer, meu amigo!

— Então, capricha lá. Depois a gente conversa – e Marcelo esfregou o dedo médio no polegar, sinalizando que daria dinheiro pelo serviço.

Na casa de Lúcia, o telefone tocou.

— Alô!

— Dona Lúcia?

— Sim, quem é?

— Apenas uma pessoa que gosta da senhora e não suporta ver mulher honesta sendo traída pelo marido.

— Do que você está falando, criatura.

— Seu marido é sonso, dona Lúcia. Finge que lhe ama, que é fiel, mas tem outra mulher.

— Olha, nós não precisamos que ninguém tome conta de nossas vidas...

— Ah, é? Vai se acovardar? Tem medo de encarar a realidade? Onde está seu marido agora? Pensa que sabe, não é?

— Olha, eu vou desligar. Não me ligue mais, por favor...

Mas não conseguiu. Apesar da indignação, uma onda de curiosidade a tomava por inteiro. Seu coração estava aos saltos, sua respiração descontrolada, um súbito calor a envolvia, seu estômago revirava.

— Eu sei onde ele está, dona Lúcia. Ele está com a outra, sua boba. Ela é jovem e linda. Os dois estão num motel, aproveitando a noite. A senhora está perdendo o seu marido pra ela.

— Pare com isso, sua fofoqueira! Deixe-me em paz!

— Tudo bem, depois não diga que não foi avisada, viu?

E Lúcia, após desligar, deixou o aparelho fora do gancho. Estava confusa, completamente abalada. As palavras da mulher ficaram ecoando em sua mente:

"Os dois estão num motel, aproveitando a noite".

"Ela é jovem e linda".

"Seu marido é sonso, dona Lúcia".

Seria mesmo verdade? Não. Não era possível! Pedro a amava de verdade. Dera prova disso muitas vezes. Ou não? Teria se cansado dela? Cedido aos encantos de uma mulher mais jovem e mais bonita do que ela? Estaria vivendo uma aventura, ou seria algo ainda mais comprometedor?

Mil questionamentos ficaram rondando os pensamentos dela, enfraquecendo-a, desequilibrando-a, para imensa felicidade de Cilene, de Geraldo e das entidades inferiores que se uniram a eles, determinados a destruir a vida do casal.

Muitos pensamentos maliciosos passaram a ser inseridos na mente de Lúcia, roubando-lhe o sossego e a confiança em Pedro. Quando conseguiu pegar no sono, influenciada pelas entidades trevosas que a assediavam, sonhou que o marido a traía com uma jovem muito bonita.

Leda aproximou-se de Pedro com dois copos de uísque na mão e ofereceu-lhe um.

— Obrigado, mas eu não bebo essas coisas muito fortes – disse ele, impressionado com a indisfarçável sensualidade da mulher.

— Que tal uma cerveja, então?

— Pode ser. Uma cerveja cai bem, com este calor.

— Leda retornou com a bebida.

— Você é o chefe do Marcelo?

— Prefiro dizer que somos colegas de trabalho. Meu nome é Pedro.

— Muito prazer, sou Leda. Sou amiga daquele maluco desde pequena – disse sorrindo. Um sorriso que sugeria, ao mesmo tempo, ingenuidade e malícia.

E a moça não mais se desgrudou de Pedro. Falava com ele de modo natural, com bastante desenvoltura. Inicialmente, o fez a pedido do amigo, depois passou a fazê-lo por prazer mesmo. Às vezes, olhava profundamente nos olhos de Pedro, como se quisesse penetrá-los, e o bancário ficava como que hipnotizado diante da beleza e da espontaneidade daquela linda mulher. Acabou ficando na festa muito mais tempo do que pretendia.

Quando se preparou para ir embora, Leda pediu-lhe uma carona. Morava perto dali, mas alegou estar com medo de ir sozinha àquela hora. Pedro a levou e, na hora em que se despediram, ela o surpreendeu com um forte abraço.

— Oh, Pedro, você é um homem tão especial! Venha conhecer o meu apartamento, é pequenino, mas muito confortável – sussurrou no ouvido dele, enquanto tentava beijá-lo na boca.

O bancário recuou assustado. A tentação era grande, mas seu amor por Lúcia era muito mais forte. Agradeceu a gentileza de Leda, beijou-a na testa e se despediu.

Quando Pedro chegou em casa já era madrugada. Estava um pouco embriagado pelo efeito da cerveja e com a fascinante imagem de Leda ainda bastante presente em seus pensamentos, mas estava também decidido a esquecê-la em definitivo.

Ao ver o marido entrando no quarto, Lúcia, que acordara impressionada com o sonho que tivera, fingiu estar dormindo. Sentiu um cheiro doce de perfume feminino provindo das roupas dele e quando deu por si, estava chorando baixinho, molhando o travesseiro com as lágrimas teimosas que insistiam em brotar de seus olhos. Começava ali o seu inferno astral.

O final de semana foi muito ruim para Lúcia. Um mau-humor terrível a dominou inteiramente e seus maus fluidos contagiaram o ambiente do lar.

— Você está bem? – perguntou Pedro no café da manhã.

— Estou.

— Então, por que essa cara amarrada?

— Minha cara não está amarrada, Pedro. Pare de fazer perguntas idiotas.

— Desculpe, querida!

Lentamente, Lúcia abria as "portas" de sua mente para a influenciação dos Espíritos inferiores. Por sugestão deles, decidiu não perguntar nada ao marido, pois tinha certeza de que ele inventaria uma desculpa qualquer e depois dificultaria a futura investigação que ela pretendia fazer discretamente.

Quanto mais pensava no assunto, mais se convencia de que estava sendo traída, mais arredia se tornava com Pedro e mais o afastava de seu convívio. Era unicamente por respeito que Pedro se afastava, para deixá-la sozinha, para não chateá-la com suas preocupações, mas as entidades inferiores se aproveitavam desse artifício para fazer Lúcia encarar as coisas de modo bem diferente; convenciam-na de que era frieza. Assim, ela passava a ter mais certeza de que havia mesmo outra mulher na vida do marido.

Na segunda-feira, notando o ar apreensivo de Lúcia, Cilene percebeu que o plano havia funcionado. A patroa estava visivelmente desestruturada. Quando foi levar a roupa suja para a lavanderia, uma ideia, sugerida por Geraldo, tomou forma em sua mente perversa.

Lúcia estava atravessando a sala quando viu uma peça de roupa no chão. Julgou que Cilene a havia deixado cair do cesto, quando o levava para a lavanderia. Apanhou a roupa, que era uma camisa de Pedro; a camisa que ele havia usado na noite de sábado.

De repente, suas pernas fraquejaram, seu coração disparou e seus olhos se recusaram a crer no que viam. Manchas de um batom muito vermelho haviam marcado a camisa em vários lugares.

Lúcia entrou em desespero. Então era tudo verdade. Pedro era mesmo um hipócrita, um traidor. A mulher que o denunciara estava certa. A outra, que havia ligado tantas vezes no dia anterior, devia ser a amante dele.

A festa de aniversário do Marcelo fora apenas uma desculpa. O convite para que ela fosse junto era um despiste. Pedro sabia que ela não deixaria as crianças em casa para acompanhá-lo. E o mundo desabou sobre Lúcia. Ela correu para o quarto, trancou-se e, inconsolada, chorou copiosamente durante toda a manhã. Ao seu lado, bastante satisfeito com o que via, Geraldo a observava sorridente. Enquanto isso, Cilene tratava de se livrar do batom que usara para sujar a camisa do patrão.

— Agora, sim! – disse para si mesma. — As coisas estão tomando o rumo certo e a patroa está descobrindo o verdadeiro caráter do seu querido maridinho.

16 — Separação

É necessário que sucedam escândalos no mundo, disse Jesus, porque os homens, sendo ainda imperfeitos, têm inclinação para o mal, e porque as más árvores dão maus frutos.

ESE – Cap. VIII, Item 13

Uma fase extremamente ruim teve início na vida do casal. Convencida de que estava sendo traída e sem disposição para esclarecer a história, a esposa carinhosa e dedicada de antes tornou-se fria, distante e depressiva.

Nessa ocasião, uma avalanche de problemas profissionais começou a afetar o trabalho de Pedro. Para resolvê-los, houve a necessidade de que o bancário ficasse na agência até bem mais tarde que o normal, durante várias noites. Logo depois, surgiu um compromisso profissional em outro estado. Pedro viajou e demorou uma semana nessa viagem.

Antes da influência de Geraldo, tudo isto era encarado de modo natural por Lúcia. Fazia parte da rotina profissional do marido. Mas agora, não. Influenciada pelo Espírito vingativo, em tudo via maldade. Se Pedro ficava até mais tarde no serviço, ela se convencia de que ele estava com a outra. Se viajava, não era por compromissos profissionais; era para ficar à vontade com a amante.

A mágoa no coração de Lúcia era tão intensa, que ela começou a inventar uma série de motivos para não mais dormir na mesma cama que o marido. Abandonou o leito conjugal por achá-lo impuro. Não pretendia contaminar-se com a mesma sujeira que, a seu ver, estava impregnada em Pedro.

Um dia, não suportando mais conviver com um segredo tão grave, desabafou com Cilene.

— Pobrezinha! – disse a empregada, com fingida candura. — Eu percebi há tempos que a senhora não anda nada bem.

— Estou arrasada, Cilene. Nunca esperei uma atitude dessas do meu marido.

— Os homens são assim mesmo, dona Lúcia. Melhor fingir que não está acontecendo nada – provocou.

— De jeito nenhum! – gritou Lúcia, mordendo a isca. — Não aceito dividir o meu marido com ninguém. Se ele não se satisfaz apenas comigo, é porque não me ama mais. E, se não me ama, não tem por que ficar comigo.

— Muito bem! Eu também penso como a senhora. Foi por isso que botei o meu ex-marido pra correr – mentiu descaradamente.

— E agora, o que é que eu faço? – perguntou Lúcia, chorando.

— Mande-o para o inferno, dona Lúcia. Uma mulher bonita, jovem ainda, dedicada e leal feito a senhora, aceitar uma traição dessas? Deus me livre! Homem nenhum merece tanta consideração. E pode contar com a minha ajuda para o que a senhora precisar, viu?

A partir daquele dia, a empregada, sempre inspirada por Geraldo e por outras entidades inferiores, não mais deu trégua para Lúcia. Vivia incentivando-a a tomar uma atitude drástica, a mandar embora o marido traidor e sair dignamente daquela enrascada.

Por outro lado, passou também a dificultar o entrosamento entre os dois. Quando Pedro ligava para falar com Lúcia e ela atendia, inventava desculpas para não chamar a patroa. Dizia que Lúcia havia saído, ou que estava indisposta. Depois envenenava.

— Seu Pedro ligou, mas estava com um tom de voz tão cínico, que eu nem chamei a senhora.

Às vezes, Lúcia tinha vontade de brigar com Cilene, de dizer-lhe que não interferisse tanto, mas logo uma incontrolável indisposição a vencia. A influência das trevas a derrotava.

— Foi melhor assim, Cilene. Eu não tinha nada mesmo para falar com ele.

A frieza de Lúcia afetou profundamente o comportamento de Pedro. Ele tinha certeza de que algo errado estava acontecendo, mas não conseguia vislumbrar o que era. A esposa não lhe falava nada, apenas o rejeitava. Parecia odiá-lo. A sombra contagiante dos inimigos invisíveis cegava-os à razão, lançando, estrategicamente, um contra o outro.

Aos poucos, o bancário foi se deixando levar pelas contrariedades e tornou-se invigilante em seus pensamentos e atitudes. O mau humor de Lúcia o contaminava, para satisfação de Geraldo que, aos poucos, estava conseguindo destruir a redoma protetora e aproximar-se dele. Pedro abandonara o hábito de fazer as leituras do evangelho e as preces antes de iniciar as suas tarefas, pois já chegava irritado no ambiente de trabalho.

Por outro lado, já prevendo o clima negativo que encontraria ao retornar para casa, começou a demorar-se na rua após o expediente. Passou a sair com os colegas de trabalho todos os dias, a ficar horas e horas gastando o tempo em bares, onde procurava descontrair-se, retardando a chegada ao pesaroso ambiente que seu lar havia se tornado.

Com isso, seu campo vibratório estava baixando, Geraldo já podia sentir o "cheiro da caça" e preparava-se para o bote certeiro.

Um dia, deixando-se mais uma vez ser influenciado pelos Espíritos zombeteiros, Marcelo fez uma brincadeira maldosa que deixou Pedro muito inseguro. Era uma anedota de extremo mau gosto. Dizia ela que, quando a esposa abandona o leito do marido é porque está frequentando outro melhor.

Pedro fixou seu pensamento naquilo. Deixou-se influenciar pela maliciosa investida e quando chegou em casa, irritado, deu um ultimato à esposa.

— Ou você volta a dormir em nossa cama, ou eu vou embora daqui! – disse, decidido.

A ameaça do marido deixou Lúcia tremendamente irritada.

"Além de infiel ainda é exigente", assoprou Geraldo no ouvido dela.

— Eu sei que você está louco para ir embora, Pedro, e já faz muito tempo.

— Não quero ir embora, Lúcia. Quero que você volte a dormir em nossa cama.

"Que cínico, quer a amante, mas não abre mão da esposa", – provocou o obsessor.

— Sob ameaça? De jeito nenhum. Não sou sua propriedade, Pedro. Sou uma mulher decente e não vou me submeter às suas vontades só porque você quer.

— Então, só me resta uma coisa a fazer...

"Ele vai dizer que está indo embora. Vai viver com a amante!", interferiu Geraldo novamente.

— Você está querendo dizer que vai embora? Pois, vá! desapareça mesmo daqui! E nunca mais volte a pôr seus pés imundos nesta casa, ouviu?

No calor da discussão, os Espíritos trevosos que alimentavam a rivalidade crescente do casal, dançavam e se regozijavam em torno deles.

"Vencemos!", gritava um.

"Destruímos mais uma família!", cantarolava outro.

E, enquanto os corações de Pedro e de Lúcia sangravam de dor e decepção, uma verdadeira festa irmanava as entidades desequilibradas que se alimentavam do fel exalado de suas palavras ásperas e das recíprocas ofensas que os abatiam mutuamente.

Pedro pegou alguns pertences. Colocou-os no carro e foi embora. Lúcia ficou chorando, remoendo uma mágoa terrível. Tinha certeza de que o marido estava indo viver com a amante. As crianças dormiam inocentemente. A casa estava deserta e silenciosa aos ouvidos materiais, mas, na esfera espiritual, as entidades impuras faziam um verdadeiro carnaval, funestas gargalhadas ressoavam ruidosamente, sugerindo alegria e festa. A farra da vitória.

17 — Depressão

Pergunta: Os Espíritos, que desejam incitar-nos ao mal, limitam-se a aproveitar as circunstâncias em que nos encontramos ou podem criar essas circunstâncias?

Resposta: Eles aproveitam a circunstância, mas frequentemente a provocam.

LE – Questão 472

Pedro se mudou para uma pensão, em um bairro distante. Lúcia entregou-se definitivamente às influências maléficas dos Espíritos inferiores. Entrou em depressão. As crianças, inconformadas com a ausência do pai, ficaram revoltadas e rebeldes. Lenita tornou-se extremamente chorona. Adoeceu, passou a ter febres altíssimas, perdeu o apetite, emagreceu muito e adquiriu uma pneumonia que quase a matou.

— *Quéio meu papá* – dizia o tempo todo, com sua vozinha chorosa.

Os meninos se recusavam a frequentar a escola sem a companhia de Pedro a acompanhá-los. Tornaram-se calados e tristonhos. Lúcia ainda tentava se manter fortalecida, mas não havia meios de superar tanta contrariedade. A saudade do marido era enorme, mas, junto à saudade, estava a revolta, o ciúme e a decepção.

Tais sentimentos, agravados pelas inspirações maldosas dos maus Espíritos, não a permitiam admitir a falta que o marido fazia. O sentimento de orgulho ferido não lhe dava trégua. Uma inflexível e negativa determinação a dominava inteiramente. Doesse o que doesse, não daria o braço a torcer.

Notando a inquietação da patroa, Cilene quis ser prestativa. Ofereceu a ela uns comprimidos.

— São antidepressivos, dona Lúcia. Me ajudaram muito quando meu ex-marido foi embora.

— Mas não precisa de receituário médico para comprá-los?

— Que nada. Um amigo meu, que trabalha numa farmácia, me vende sem receita. Pode tomar sossegada, que a senhora vai se sentir muito melhor.

De fato, Lúcia passou a se sentir melhor com os medicamentos que a empregada lhe dera. Mas estava, na verdade, dopando-se para fugir da realidade. Estava deixando de lado os seus compromissos e entregando-se a um mundo ilusório, a uma irreal sensação de conforto. Mais uma vitória dos Espíritos inferiores que a conduziam sutilmente a um letárgico estado de depressão e inércia.

Pedro também começou a enfrentar um amontoado de problemas. Sua saúde, antes perfeita e equilibrada, começou a complicar-se. Mal se curava de uma enfermidade, surgia outra para atormentá-lo. Com isso, sua disposição para o trabalho deixou de ser a mesma de antes. Sem saber exatamente o que estava acontecendo, começou a sentir o peso terrível da obsessão imposta por Geraldo.

Em vez do esposo amoroso, do pai zeloso e do funcionário exemplar que sempre fora, tornou-se uma pessoa amarga, solitária e, de certo modo, irresponsável até. Suas perspectivas futuras eram agora anuladas pelas perturbações do presente. A sombra opressora de Geraldo cegava-o à razão, incutindo em sua alma um desânimo insuperável.

Seus projetos não mais andavam, sua saúde não se normalizava. O rendimento profissional havia minguado drasticamente. Intolerante e mal-humorado, contaminava de tal modo os ambientes por onde passava, que as pessoas passaram a evitá-lo.

Certa noite, o bancário acordou dando gritos, suando, trêmulo. Tivera um pesadelo horrível com Geraldo. Seu antigo desafeto lhe mostrara o ferimento na barriga, um buraco negro e fétido, cheio de vermes. Ficou xingando-o, dizendo-lhe com um tom de ódio na voz:

— Você vai pagar muito caro por isto aqui, seu miserável!

Os pesadelos continuaram cada vez mais frequentes e terríveis. Pedro passou a ter medo de dormir e evitava fazê-lo a todo custo. Com isso, tornou-se sonolento, desconcentrado e irritadiço no ambiente de trabalho. Cometia erros primários, perdia a paciência com os funcionários e desagradava os clientes do banco, que passaram a se queixar à diretoria.

Pela primeira vez em sua carreira profissional, passou a ser questionado pela chefia, devido ao grande número de reclamações relacionadas à sua agência. Com mais esta contrariedade, o processo de depressão foi inevitável.

Também trilhando o caminho da depressão, Pedro passou a se sentir o pior dos homens na face da terra. Faltava-lhe a companhia reconfortante da esposa e dos filhos. Mas um forte sentimento de orgulho e autopiedade, inserido em sua mente por sugestão do obsessor, não o permitia recuar. Não admitia a possibilidade de pedir ajuda à família, afinal, fora praticamente expulso de casa sem ter feito qualquer coisa para merecê-lo, pensava com revolta. Passou a alimentar um incontrolável sentimento de mágoa que o foi arrastando, lentamente, em direção a um profundo precipício.

Certa vez, sem saber exatamente porquê, comprou três metros de corda e passou a carregá-la no porta-malas do carro. Desde então, começou a sonhar que estava se enforcando. No sonho, após o suicídio, todos os seus problemas se acabavam, mas ele sempre despertava ouvindo as gargalhadas estrondosas de Geraldo.

Seu obsessor estava decidido a induzi-lo ao suicídio, passando-lhe a falsa ilusão de que todos os problemas materiais e psicológicos desapareceriam com a morte física. Isso é um terrível engodo, já que o homem não tem o direito de dispor de sua própria vida. Só Deus tem esse direito. O suicídio é uma transgressão à lei divina. Assim, quem o pratica para se livrar dos problemas terrenos encontrará outros mais graves na esfera espiritual.

Por isso Geraldo se dedicava tanto a convencê-lo. Uma vez que, desencarnado por meio do suicídio, Pedro estaria tão ou mais perdido que o próprio perseguidor.

18 — Advertência

Amar, no sentido profundo do termo, é ser leal, probo, consciencioso, para fazer aos outros aquilo que se deseje para si mesmo. É buscar em torno de si a razão íntima de todas as dores que subjugam o próximo, para dar-lhes alívio.

ESE – Cap. XI, Item 10

Desde que passou a morar na pensão, Pedro despertou a atenção de Nicanor, o proprietário daquele estabelecimento. Nicanor era um senhor viúvo, muito educado e observador. Desde o primeiro dia em que o bancário ali se hospedara, com seu semblante abatido e contrariado, o velho pensionista percebeu toda a carga negativa que ele trazia arraigado à sua alma.

Nicanor tivera uma vida muito feliz ao lado da esposa, a quem amava demais. Foram casados por 32 anos, tiveram oito filhos e quatorze netos. A luta pela sobrevivência legou-lhes muitos sacrifícios para criar e educar os filhos, mas dona Germana nunca desanimara. Forte, alegre e determinada, sempre incentivou o marido a seguir adiante, auxiliando-o nas atividades comerciais a que Nicanor se dedicava e jamais abandonando a alegria contagiante de sua natureza.

Quando a vida tornou-se um fardo bem mais leve para o casal, os filhos criados, todos casados e a situação financeira estabilizada, sem a necessidade de tanto sacrifício braçal, ocorreu o que menos esperavam: dona Germana adoeceu gravemente e desencarnou aos 58 anos de idade, para desespero e inconformismo de Nicanor.

Os seus projetos mais bonitos haviam sido adiados para o outono de suas vidas. Nicanor sonhava em fazer muitas viagens, conhecer muitos lugares e pessoas. Tudo isso, é claro, ao lado da esposa.

A viuvez precoce o deixou profundamente abatido, sem ânimo para nada. Nicanor tornou-se revoltado e chegou a duvidar da bondade de Deus para com os seus filhos. Para aliviar a frustração, andou bebendo e fumando em demasia. No fundo, estava tentando se matar. Achava que não valia mais a pena viver e, pior, acreditava que se morresse logo, mesmo através do suicídio, encontraria imediatamente a esposa e poderia desfrutar de sua companhia em outra dimensão. Nicanor tinha uma vaga noção da espiritualidade. Acreditava na vida eterna, mas não sabia bem como isso funcionava.

Os excessos por ele praticados provocaram um efeito devastador em seu organismo e quase o mataram. Numa noite, em que estava convalescente, recebeu uma visita de Germana durante o sono. A esposa, extremamente carinhosa, o acudiu com sua voz tranquila e amorosa:

— Nicanor, meu querido! Eu não estou morta nem infeliz. O único sofrimento que tenho experimentado deve-se ao seu inconformismo com o meu desencarne. Sei que você quer estar ao meu lado e posso lhe garantir que isso vai ocorrer, mas é necessário que você deixe as coisas acontecerem naturalmente, pois do contrário haverá um abismo enorme entre nós e o nosso reencontro será muito mais demorado. Cumpri a tarefa que me foi confiada naquela encarnação, mas você ainda não cumpriu totalmente a sua, pois seu compromisso é maior que o meu. Esteja atento aos seus instintos. Ouça a voz da sua consciência. Siga o seu coração. Ame, meu querido! Não tenha receio de amar a todos os seus irmãos, pois o sucesso da sua missão depende muito disto. Até breve, meu querido, ao contrário do que você pensa, eu não estou distante. Estou muito próxima de você e continuo lhe amando muito! – e foi embora, após dar-lhe um beijo carinhoso na testa.

Aquele "sonho" despertou uma grande curiosidade em Nicanor. Decidiu procurar um Centro Espírita e foi ali que descobriu a que missão Germana se referira. Ele era médium e precisava trabalhar as suas faculdades mediúnicas em favor dos necessitados. Trabalhara muito, a vida toda, mas somente em função de si mesmo e de sua família carnal. Precisava agora trabalhar em favor dos membros de sua imensa família universal.

Assim, o viúvo triste e desanimado de antes, encontrou na Doutrina Espírita um novo motivo para seguir adiante, um novo alento para tocar a vida. Abandonou os vícios e entregou-se de corpo e alma à nova tarefa. Recuperou a alegria e a vontade de viver, certo de que, quanto melhor desenvolvesse o seu trabalho espiritual na Terra, mais próximo estaria de sua querida esposa e mais feliz seria o momento do reencontro.

— Como Deus é bom e misericordioso! – dizia sempre. — Que maravilhoso consolo me inseriu à alma, dando-me a conhecer a imortalidade do Espírito e a certeza de que a separação provocada pela morte física é provisória e tão insignificante em comparação à eternidade!

Nicanor trabalhava há doze anos em um Centro Espírita e sua mediunidade estava grandemente desenvolvida. Por isso foi fácil para ele perceber o problema espiritual que estava afetando o seu novo inquilino.

Discreto, inicialmente, apenas observava a distância, sem se intrometer. Mas foi, aos poucos, se aproximando de Pedro. Conquistou-lhe a simpatia e passaram a conversar bastante. Num dia em que o bancário, extremamente abatido, desabafou os seus problemas, Nicanor pôde, por fim, falar-lhe abertamente. Pela primeira vez Pedro ouviu a palavra-chave, que começaria a desvendar a causa de todos os seus sofrimentos.

— É muito provável que você esteja sendo vítima de uma obsessão – explicou-lhe Nicanor.

— Obsessão? O que significa isso? – perguntou Pedro.

— Olha, Pedro! Pelo fato de sermos Espíritos e não matéria, somos todos imortais. Assim, todos os sentimentos que acumulamos em nós, enquanto encarnados, continuam armazenados, mesmo depois que deixamos o corpo físico. Nossos sentimentos pertencem à essência espiritual e é por isso que eles permanecem em nós, após a desencarnação.

— Como assim, seu Nicanor?

— Veja bem, uma pessoa que tenha desencarnado sentindo um grande amor por alguém, continuará devotando o seu amor a esse alguém. Da mesma forma, uma pessoa que desencarne com muito ódio de outra, se não for conduzida à doutrinação e conscientizada de que deve perdoá-la, fará tudo para prejudicar o seu adversário do mesmo modo que o faria estando encarnado. Ou seja, o ser humano deixa o seu corpo após a morte, mas continua sendo a mesma pessoa. Continua alimentando os mesmos sentimentos. Daí, se o Espírito não for evoluído e se não buscar esclarecimentos, continuará preso às mesmas sensações de quando estava encarnado. Nada mudará na natureza dele, entende?

— Sei lá, seu Nicanor. É tudo muito complexo...

— Não é nada complicado, meu filho! É tudo uma questão de raciocínio lógico. Os vermes devoram a carne, mas não têm o poder de devorar o sentimento, porque os sentimentos não são perecíveis. Eles estão ligados ao Espírito e, uma vez que este é imortal, conclui-se que também os sentimentos são imortais.

Nossos sentimentos não se extinguem, apenas variam e se enobrecem à medida que evoluímos moralmente.

Nicanor foi expondo a Pedro todo o processo da obsessão espiritual e o rapaz ficou muito impressionado.

— Seu Nicanor, de repente minha vida virou de ponta-cabeça. Amo minha esposa, meus filhos e, sem nada dever, fui expulso de casa no dia em que cheguei aqui. Adoro meu emprego, sempre fui um profissional responsável e não tenho conseguido fazer nada direito. Sempre fui saudável e, de repente, minha saúde tornou-se tremendamente instável. Tenho tido pesadelos horríveis, dormido pouco...

— Eu sei, meu filho. Pressinto tudo isto. Não há dúvida de que a atuação dos obsessores sobre você o cercou de todos os lados e contaminou também a sua família. É uma forma de mantê-lo desprotegido e em desequilíbrio. Feriram-no em seu ponto mais fraco, pois sabem que esta é a única maneira de enfraquecer a sua fé, de afastá-lo dos bons propósitos sobre os quais sua vida sempre foi pautada. Sentem que a revolta o está cegando à razão e deixando-o cada vez mais incauto, mais à mercê das maldades deles.

— Oh, meu Deus! – suspirou Pedro. — Como é que se resolve isto, seu Nicanor?

— Procure esclarecimento e assistência espiritual, meu querido! Venha junto comigo ao Centro Espírita, lá você será muito bem recebido, passará por uma entrevista, onde deverá narrar todos os seus problemas e receberá as orientações necessárias.

— Mas, seu Nicanor, se o desajustado é o meu adversário, então não seria muito mais sensato que ele fosse procurar essa assistência em vez de mim?

— Mas ele irá, meu amigo. O obsessor segue a sua vítima em todos os lugares, portanto, se você procurar assistência, ele acabará sendo assistido também.

Naquele mesmo dia Pedro comprou um livro indicado por Nicanor. Ao chegar em casa, após o trabalho, abriu *O Evangelho segundo o Espiritismo* e, no item 6 do capítulo 12, esta observação o deixou intrigado:

Pode-se, pois, ter inimigos entre os encarnados e entre os desencarnados; os inimigos do mundo invisível manifestam sua malevolência pelas obsessões e subjugações, a que tantas pessoas são expostas, e que representam uma variedade das provas da vida.

Ele ficou tão interessado no assunto, que passou a noite toda lendo. Quanto mais lia, mais se certificava de estar sendo vítima de uma terrível trama urdida por Espíritos inferiores. A nova visão mostrada pelo Espiritismo abria seus olhos para uma realidade que até então lhe parecia completamente inaceitável.

Como explicar tantas coincidências? Tantos desajustes? Tantas contrariedades de uma só vez? O que estava escrito no livro não era exatamente o que estava acontecendo em sua vida? Por mais que procurasse duvidar, não havia como negar tantas evidências.

A primeira coisa que fez, no dia seguinte, foi livrar-se daquela corda funesta em seu carro, pois lera também as advertências sobre o sofrimento terrível que os suicidas enfrentam no plano espiritual e a insistência dos obsessores em convencer suas vítimas a cometê-lo.

— Sinto decepcioná-lo, meu querido, mas não vou me matar! – falou com convicção para o inimigo invisível que o observava a certa distância.

19 — A assistência

Reconcilia-te sem demora com o teu adversário, enquanto estás a caminho com ele, para que não suceda que ele te entregue ao juiz, e que o juiz te entregue ao seu ministro, e sejas mandado para a cadeia.

ESE – Cap. X, Item 5

O Centro Espírita funcionava em uma casa antiga, em estilo colonial, na periferia da cidade. Ao ver Pedro chegando, Nicanor correu imediatamente para abraçá-lo.

— Você veio mesmo, meu filho! Que bom!

— Estava ansioso para chegar aqui, seu Nicanor. Aconteceu uma grande coincidência comigo. Comprei *O Evangelho segundo o Espiritismo*, como o senhor sugeriu e, na primeira vez que o abri, aleatoriamente, caiu na página que fala sobre inimigos desencarnados.

— Coincidências não existem, meu caro! O plano espiritual atua constantemente em nossas vidas. Tudo aquilo que lhe parece ter sido ao acaso, na verdade está sendo determinado pela espiritualidade. Jesus disse: "Pedi e será dado; buscai e achareis; batei e a porta se abrirá". Você bateu, meu amigo, e a porta se abriu!

Acomodaram-se e ouviram atentamente o expositor daquela noite. Para surpresa de Pedro, novamente o assunto em pauta tratava de ódio, vingança e perdão.

— Só há uma maneira de se acabar com o sofrimento imposto pelo ódio – disse o expositor. — Somente por meio do perdão mútuo é que se restabelece a harmonia e, consequentemente, o equilíbrio físico e espiritual.

A seguir, fez a leitura do Capítulo X, item 6, de *O Evangelho segundo o Espiritismo*: Reconciliar-se com os adversários:

A morte não nos livra dos nossos inimigos; os Espíritos vingativos perseguem sempre com o seu ódio, além da sepultura, aqueles que ainda são objeto do seu rancor. Daí ser falso, quando aplicado ao homem, o provérbio: "Morto o cão, acaba a raiva". O Espírito mau espera que aquele a quem quer mal esteja encerrado em seu corpo, e assim, menos livre, para mais facilmente o atormentar, atingindo-o nos seus interesses ou nas suas mais caras afeições.

— Viu como o plano espiritual abriu mesmo as portas para você? – cochichou Nicanor, com um sorriso.

Após a exposição, Pedro foi entrevistado por uma senhora muito atenciosa e comentou com ela sobre os seus infortúnios, afirmando estar disposto a qualquer sacrifício para resolvê-los. A mulher lhe deu várias orientações.

Depois, o bancário recebeu um passe magnético e foi conduzido para a assistência espiritual, onde foi confirmada a obsessão.

— É preciso que você, Pedro, com toda a sinceridade do seu coração, peça perdão a esse homem – explicou-lhe o orientador, observando que Geraldo também estava presente àquele lugar.

— Mas eu nunca pretendi fazer mal a ele – respondeu o bancário. — Na verdade, foi ele que me prejudicou, casou com a mulher que eu amava porque tinha inveja de mim, tentou me matar...

— Calma, meu filho! – disse o orientador, movido por instrução do plano espiritual. — Você está falando do que aconteceu nesta encarnação. Eu estou falando do que vem acontecendo entre você e esse irmão há várias encarnações. Ou você acha que todo esse ódio que se desenvolveu foi unicamente devido às banalidades vividas nesses últimos anos? Vocês têm se odiado há séculos e, cada vez que o plano espiritual os une para que se reconciliem, acabam novamente se confrontando, numa interminável sucessão de erros e sofrimentos.

— Nós éramos amigos de infância – lembrou Pedro, emocionado.

E o orientador, assumindo um tom de voz bem paternalista, esclareceu:

— É sempre assim: na infância, com os Espíritos ainda adormecidos na matéria, vocês se dão bem, se amam, justamente porque se comprometeram, junto ao plano espiritual, a se reconciliarem. Por isso sentem essa necessidade instintiva de estarem juntos e de se gostarem, mas, à medida que vão envelhecendo, começam a sentir aquelas mesmas animosidades do passado e passam a se odiar, mesmo que, aparentemente, não haja motivo bastante para tanta mágoa.

— Foi isso mesmo que aconteceu. Nós nos dávamos muito bem, de repente, o Geraldo passou a me odiar...

— Não vou entrar em detalhes e esclarecer todos os conflitos que vêm ocorrendo entre vocês ao longo de suas encarnações, para não acirrar ainda mais as suas antipatias. Mas posso garantir-lhes que os dois são igualmente culpados, pois a condição de vítima e algoz, entre vocês, vem se alternando a cada vez que se encontram. Sabem por quê? Porque vocês não conseguiram, ainda, praticar o único sentimento que colocará um ponto final nisso tudo. O perdão! O perdão sincero e irrevogável. Aquele perdão do qual Jesus disse que não deve ser concedido sete vezes, mas setenta vezes sete.

Pedro estava profundamente emocionado.

— É hora de acabar com essa história de uma vez por todas – continuou o orientador. — Ou vocês se acertam agora, ou terão de voltar novamente juntos e, sem que esse ódio tenha se extinguido, com toda certeza acabarão de novo se confrontando. É muito tempo perdido e muito sofrimento desnecessário para vocês dois, meus irmãos!

Pedro concentrou-se, elevou o pensamento à memória de Geraldo, rogou que o ex-amigo o perdoasse pelas ofensas que pudesse ter cometido contra ele. Nesse momento, lembrou-se dos bons momentos vividos pelos dois em suas infâncias e começou a chorar.

Geraldo, num canto da pequena sala, a tudo observava em silêncio.

— É preciso mais do que um pedido de perdão para se livrar de uma obsessão, meu filho – disse o orientador.

— Como assim? – perguntou Pedro enxugando as lágrimas que lhe escorriam pela face.

— É preciso dar o bom exemplo. As boas ações de nossas vidas, o bom comportamento, a prática do amor e da caridade são as máximas que nos tornam isentos da maldade alheia. Os Espíritos desequilibrados só encontram guarida junto às pessoas que lhe são afins. Fortaleça-se espiritualmente. Abandone os maus hábitos e cultive em si apenas os nobres sentimentos. Seja caridoso, tenha fé em Deus e mantenha o seu campo vibratório sempre em alta. O pensamento sempre positivo, desapegado de egoísmos, cóleras e frivolidades. Cultive o hábito de realizar em sua casa a leitura do evangelho. Mesmo que esteja sozinho faça-o em voz alta e teça comentários sobre o que entendeu da mensagem lida. Dessa forma, ou o obsessor o abandona de vez, ou segue o seu exemplo e evolui juntamente com você. Também na relação entre encarnados e desencarnados prevalece o velho ditado: "diga-me com quem andas e eu direi quem és".

O orientador passou para Pedro os detalhes de uma assitência espiritual a que deveria ser submetido naquela Casa, durante várias sessões semanais, e o bancário foi embora bem mais aliviado. Naquela noite, elevou o pensamento a Deus, fez uma fervorosa oração e, pela primeira vez em muitas noites, conseguiu dormir um sono tranquilo e reparador.

20 — A tia-avó

Somos devedores uns dos outros e, somente por uma união sincera e fraternal entre os Espíritos e os encarnados, a regeneração será possível.

ESE – Cap. XVI – Item 14

Desde que Pedro deixara o lar, a alegria na casa de Lúcia simplesmente desapareceu. A única pessoa feliz ali era Cilene. A empregada cumpriu com extrema fidelidade a promessa de "ajudar" a patroa em tudo. Por conta própria tomou a decisão de mudar-se para a casa de Lúcia, onde ocupou o quarto dos meninos, já que as três crianças passaram a dormir juntas com a mãe.

Uma vez instalada, sentiu-se muito à vontade, exercendo o múltiplo papel de governanta, confidente e conselheira de uma Lúcia fragilizada pelo sofrimento e subjugada pela obsessão dos Espíritos trevosos que ali se instalaram.

Deprimida, Lúcia continuava fazendo uso dos medicamentos fortes que a mantinham sedada quase todo o tempo e que Cilene sempre se encarregava de ministrar com o rigor de uma enfermeira muito atenta.

Dessa forma, a direção da casa passou a ficar nas mãos da empregada, para desespero de Felipe e Henrique, que simplesmente a detestavam, já que Cilene os tratava muito mal.

As crianças andavam tristes e emudecidas. Os meninos macambúzios. Lenita sempre doente. O pai aparecia de vez em quando, aos domingos, mas nem entrava. Buzinava o carro no portão e Cilene levava as crianças até ele. Lúcia estava sempre sonolenta, indisposta, mal-humorada. Não dava as caras.

Pedro e as crianças passavam o domingo juntos. Iam ao zoológico, ao cinema e a outros lugares divertidos. Depois o pai os deixava em casa. Os pequenos sofriam muito nessas despedidas, principalmente Henrique, mais novo e de natureza mais sensível que Felipe. Ele sempre perguntava chorando:

— Papai, quando é que o senhor vai voltar a morar conosco?

E Pedro, com o coração partido, mas se deixando comandar pelas influências negativas do inimigo invisível, continuava agindo com a inflexibilidade de um injustiçado orgulhoso e intolerante.

— Não sei, meus queridos! Não depende só de mim. Só posso voltar se a mãe de vocês me pedir.

— Mas a mamãe diz que não quer o senhor de volta.

— Entendem por que eu não posso voltar? – dizia com a voz carregada de mágoa.

— Então deixa a gente ir morar com o senhor. Aqui está muito chato. A mamãe passa o tempo todo dormindo e a Cilene briga muito com a gente. Até com a Lenita ela fica gritando.

— Tenham paciência, meus filhos. Por enquanto, o melhor lugar para vocês é ao lado da mamãe. Ela vai ficar muito mais triste sem as suas presenças.

— Você não ama mais a mamãe?

— Amo! Amo todos vocês!

— Então fala isso pra ela, papai, por favor!

— Quando tiver oportunidade eu falo, está bem?

As crianças ficavam chorosas e emudecidas por um bom tempo. E a situação ia de mal a pior no antigo lar de Lúcia e Pedro.

Certa manhã, Cilene entrou no quarto, onde Lúcia, apesar de já passar das dez horas da manhã, continuava dormindo, sem a menor disposição para sair da cama. Os obsessores tratavam de sugar-lhe ao máximo as energias. Dessa forma, mantinham-na como que acorrentada ao leito, submissa às suas vontades, alheia à própria vida.

— Tem uma velhota esperando a senhora lá na sala – disse a empregada com um tom de voz irônico e aborrecido.

— Uma velha?

— Sim. Muito arrogante, por sinal. Disse que é sua parenta e já foi logo entrando.

— Minha nossa! Eu nem me lembrava mais que possuo parentes. Há tanto tempo não tenho notícias de ninguém.

E Lúcia, após espreguiçar-se e bocejar demoradamente, levantou-se e seguiu desanimada ao encontro da tal velha. Quando viu de quem se tratava, seus olhos brilharam de euforia. Seu rosto abriu-se num largo sorriso e, por uns instantes, uma alegria jovial iluminou-lhe o semblante.

— Tia Jacira! Não acredito que é a senhora quem está aqui! – e correu para os braços da tia.

— Lúcia, minha querida sobrinha! Quanta saudade!

As duas se abraçaram calorosamente, sob o olhar de reprovação de uma ciumenta Cilene que, sem saber exatamente por que, passou a se sentir ameaçada.

Com a presença da tia em casa, Lúcia abandonou um pouco aquele estado de letargia e sentiu-se mais revigorada.

— Como estão as coisas por aqui? – perguntou Jacira.

— Nada bem, tia. Eu e o Pedro nos separamos há alguns meses. As crianças estão infelizes e eu estou me sentindo doente.

— Eu pressenti isto logo que cheguei.

— Como assim, pressentiu?

— É uma história interessante, minha querida!

Lembra-se daquele Centro Espírita onde estivemos algumas vezes, quando você ficou em minha casa, antes do casamento com o Geraldo?

— Sim, é claro que me lembro. Fui um dos períodos mais difíceis da minha vida.

— Então. Eu continuei frequentando ali. Com o tempo, fui convidada para trabalhar com eles. Aceitei o convite e precisei estudar a Doutrina Espírita para me tornar apta para as tarefas. Com os estudos, desenvolvi uma mediunidade da qual eu era portadora e nem sabia.

— O que é mediunidade?

— É a capacidade que algumas pessoas têm de se comunicar com os habitantes do mundo espiritual.

— Quer dizer que a senhora fala com fantasmas?

— Não são fantasmas, minha querida – Jacira disse rindo. — São homens e mulheres como nós, só que estão, momentaneamente, desprovidos de matéria. Ou seja, estão desencarnados e por isso têm uma visão mais ampla das coisas. Às vezes, eles me dão algumas orientações.

— É estranho isso, tia.

— Pode parecer estranho para quem desconhece a Doutrina, mas depois que a gente estuda, descobre que tudo é muito natural. A vida não se acaba só porque a pessoa deixou o corpo físico. A matéria se deteriora, mas o Espírito sobrevive, porque é imortal. Como nós somos esta parte imortal, continuamos sendo o que sempre fomos, mesmo depois de desencarnados. Todos os nossos sentimentos perduram conosco, porque eles não se encontram no corpo, mas sim no Espírito.

— É complicado isso, tia!

— Não, não é complicado, é muito simples. Mas vejo que esta conversa está lhe deixando confusa, outra hora eu explico melhor.

— Mas por que a senhora falou que pressentiu os problemas que vimos enfrentando?

— Apenas pressenti... Não se preocupe com isso.

Jacira teve vontade de contar à sobrinha que sua casa estava infestada de Espíritos impuros, que a vibração ali estava baixíssima, que a família toda estava sendo vítima da maldade daquelas entidades de quem Cilene era um verdadeiro fantoche, pois visualizara desde o início a empatia existente entre a empregada de sua sobrinha e aqueles maus Espíritos.

No entanto, achou prudente não comentar nada, ainda. Temia assustar a sobrinha, que poderia não compreender bem as suas colocações e entrar em desespero ou achar que ela, Jacira, estava caducando.

Na verdade, a visita da tia não fora por acaso. Após iniciar o tratamento na Casa Espírita e começar a reencontrar o equilíbrio emocional, Pedro foi sugestionado por seu anjo guardião[4] a procurar Jacira, e assim o fez. Viajou para a cidade onde ela morava e teve a grata surpresa de encontrá-la totalmente envolvida com a causa Espírita e muito bem esclarecida sobre a Doutrina codificada por Kardec.

[4] Espírito guia: Espírito encarregado de acompanhar o homem, orientando-o e auxiliando-o durante sua vida.

Pedro contou a ela tudo o que havia ocorrido com sua família e com ele próprio. Jacira não teve dúvida de que todos os problemas que vinham enfrentando eram de ordem espiritual e se prontificou imediatamente a ajudá-los.

Quando os meninos chegaram da escola e conheceram a tia-avó, apaixonaram-se por ela. Lenita já estava grudada em seu colo desde que a avozinha ali chegara. Com sua alma bondosa, cheia de fé em Deus e totalmente esclarecida pelos ensinamentos doutrinários, Jacira levou um renovado alento àquela família desestruturada, uma luminosidade a arrefecer as sombras tenebrosas que haviam se apossado daquele lar.

Naquela noite, antes que o jantar fosse servido, pediu permissão para fazer uma prece.

— A casa é sua, tia. Pode fazer o que a senhora quiser – disse Lúcia.

— Mas seria bom que todos participassem – e Jacira olhou para Cilene que passara o dia todo de mau humor. Circulando os olhos pela casa, a tia-avó estendeu mentalmente o convite às entidades que ali se encontravam.

— Eu não vou poder participar. Tenho um compromisso urgente – respondeu a empregada, saindo para a rua.

Jacira já esperava aquela reação. Quando Cilene se afastou, levou junto as companhias invisíveis que, assim como ela, também não queriam saber de oração. Preparou a mesa, cobrindo-a com uma toalha bem limpa. Colocou sobre ela um jarro com água para ser fluidificada. Sentou-se juntamente com a sobrinha e as crianças. Abriu um exemplar de *O Evangelho segundo o Espiritismo* que sempre carregava consigo e disse calmamente:

— A partir de hoje, meus queridos, estaremos implantando a prática do evangelho no lar desta família. Que seja ele o bálsamo a aliviar as dores, a luz a dissipar as trevas e que possa, sob a generosa bênção de Jesus e a supervisão dos bons Espíritos, reconduzir-nos ao caminho da redenção, do amor e da paz.

E Jacira leu a prece nº 6 do Capítulo XXVIII de *O Evangelho segundo o Espiritismo*:

"Rogamos ao Senhor Todo-Poderoso enviar-nos Bons Espíritos para nos assistirem, afastar aqueles que possam induzir-nos ao erro e dar-nos a luz necessária para distinguirmos a verdade e a impostura. Afastai também os Espíritos malfazejos, encarnados ou desencarnados, que poderiam tentar lançar a desunião entre nós e, com isso desviar-nos da caridade e do amor ao próximo. Se alguns procurarem penetrar neste recinto, fazei que não encontrem acesso aos nossos corações. Bons Espíritos, que vos dignais vir instruir-nos, tornai-nos dóceis aos vossos conselhos, afastai-nos de todo pensamento egoísta, ou de orgulho, de inveja e de ciúmes; inspirai-nos a indulgência e a benevolência para com os nossos semelhantes presentes ou ausentes, amigos ou inimigos; fazei, enfim, que pelos sentimentos que nos animarem, possamos reconhecer a vossa salutar influência".

Depois, fazendo a leitura de uma passagem do evangelho, teceu comentários sobre a mensagem lida, instigando os meninos e a sobrinha a discorrerem também sobre o que entenderam dela. Após isto, procedeu às vibrações e encerrou, pedindo a Lúcia que fizesse uma oração de agradecimento

Quando terminaram, tomaram a água fluidificada e notaram uma prazerosa sensação de paz e harmonia naquele lar e dentro de seus corações. O jantar foi bastante descontraído, pois Jacira tinha muitas histórias interessantes para contar e deixou os sobrinhos radiantes de felicidade.

Com a constante presença de Jacira, Cilene passou a se sentir incomodada. Agora não mais ficava à vontade para ralhar com as crianças por qualquer motivo e, assim, extravasar suas revoltas. Não exercia mais influência alguma sobre Lúcia, entupindo-a de medicamentos sedativos, nem se assenhoreava do comando da casa que ia, pouco a pouco, retornando às mãos da patroa.

As entidades inferiores perderam o interesse pelo ambiente, após a implantação do evangelho no lar. A luminosidade da oração cegava-os e os afastava, já que não estavam interessados em evoluir. As trevas, aos poucos, foram se dissipando e uma tênue alegria foi retornando ao seio familiar.

Sempre que tinha oportunidade, Jacira tentava aproximar-se de Cilene, buscando demovê-la de suas atitudes mesquinhas e egoísticas. Falava-lhe sobre os ensinamentos de Jesus, mas a empregada virava-lhe as costas e debochava das palavras da médium.

Um dia, sentindo-se totalmente desambientada, procurou Lúcia.

— Quanto tempo esta velha pretende ficar aqui, dona Lúcia?

— A tia Jacira vai ficar o tempo que quiser, Cilene, por quê?

— Porque se ela for demorar muito, quem vai embora sou eu.

— O que você tem contra ela?

— Tudo. Ela é chata, intrometida, metida a dona da verdade, beata...

— Ela é minha tia, Cilene. Olha o respeito.

E a empregada principiou um choro fingido.

— É isto que eu ganho por ter sido tão boba, não é? Ajudei a senhora a se livrar daquele traidor. Cuidei da sua casa, dos seus filhos. Fiz até o sacrifício de deixar o sossego do meu cantinho e vir morar aqui, só pra ficar mais perto de vocês...

— Cilene, eu não pedi para você vir morar aqui. Você veio porque quis.

— A senhora está sendo ingrata comigo, dona Lúcia. Deus está vendo essa injustiça...

— Cilene, eu não estou lhe mandando embora. É você quem está impondo condições.

— Mas eu vou embora, dona Lúcia. A menos que essa sua tia antipática vá primeiro.

E a empregada ficou torcendo para que Lúcia tomasse a iniciativa de mandar a tia embora. Só assim ela voltaria a dominar aquela casa.

21 — No caminho certo

Sede indulgentes para as faltas alheias, quaisquer que sejam; não julgueis com severidade senão as vossas próprias ações, e o Senhor usará de indulgência para convosco, como usastes para com os outros.

ESE – Cap. X, Item 17

Jacira e Pedro se encontraram à saída do banco e seguiram para o Centro Espírita, onde ele continuava a receber tratamento. Assistiram à palestra, receberam os passes e, mais tarde, jantaram num restaurante, onde conversaram bastante.

— Interessante o trabalho desenvolvido na Casa Espírita que você está frequentando, Pedro.

— Eu tenho me sentido muito bem ali, dona Jacira. Graças ao seu Nicanor, acabei encontrando o lugar certo para ser assistido.

— Uma atitude providencial, meu querido. Fiquei impressionada com o quadro espiritual que encontrei em sua casa, sabe? O ambiente estava insuportável, totalmente dominado por Espíritos inferiores que se servem das más vibrações da pobre Cilene.

— Sempre achei a Cilene meio baixo-astral, sisuda e infeliz, mas não sabia que era tão envolvida negativamente.

— Agora que você está descobrindo o espiritismo, sabe que os nossos pensamentos são uma porta aberta para os Espíritos. Atraímos para junto de nós aqueles que nos são afins.

— Sim, eu sei. Maus pensamentos atraem os Espíritos de má índole. Pensamentos nobres atraem Espíritos bondosos que nos protegem e nos orientam a trilhar o bom caminho. Sabe, dona Jacira, as crianças reclamavam muito da Cilene, mas eu achava que era implicância, uma forma de me pressionar para que eu voltasse para casa.

— Infelizmente não era só isso. Ela é muito influenciada pelas más companhias, e é bem provável que as tratassem mal mesmo.

— É preciso que ela seja mandada embora daquela casa, dona Jacira.

— Calma, Pedro! Não se esqueça de que eu estou de olho e não vou permitir que ela prejudique sua família. Além disso, a Lúcia, com seu coraçãozinho bom, não vai mandá-la embora por uma coisa tão... digamos... abstrata. Além disso, estando perto da Cilene, eu tenho a oportunidade de tentar evangelizá-la.

— Sei lá, dona Jacira. As pessoas só mudam mesmo quando querem. Há pessoas que simplesmente se fazem de surdas e cegas diante das coisas mais óbvias.

— São pessoas movidas por orgulho, egoísmo, ódio, inveja... Geralmente sofrem muito antes de darem o braço a torcer. Mas, no fundo, são vítimas de seus próprios sentimentos.

— Sei muito bem o que significa ser dominado por nossos próprios sentimentos negativos – disse o bancário, lembrando-se do quanto isso lhe atrapalhara nos últimos tempos. — Mas, me diga, dona Jacira, a Lúcia tem falado de mim?

— Pedro, meu querido! A Lúcia o ama muito, mas ainda está muito magoada com você. Ela tem certeza de que você a traiu com outra mulher.

— Isso é um absurdo, dona Jacira! Nunca houve outra mulher em minha vida. Eu a amo demais e seria incapaz de traí-la.

— Eu acredito em você, Pedro. O problema é que alguém a convenceu de modo irreversível. Ela me disse que tem provas de sua traição. Guarda uma camisa sua toda manchada de batom. Disse que foi numa noite que você saiu e voltou para casa de madrugada..

— Sim, eu me lembro. Fui à festa de aniversário de um funcionário do banco. Eu a convidei para ir junto e ela não quis. Mas essa camisa... Eu não sabia nada sobre isso. Ela nunca comentou.

— Lúcia disse que não adiantaria comentar, porque você acabaria inventando uma história qualquer e ela não estava a fim de ouvi-lo falar mentiras.

— Realmente, naquela noite eu conheci uma moça muito bonita. Conversamos bastante e eu dei uma carona para ela. Mas foi só isso, dona Jacira. Juro por Deus! Não aconteceu nada entre nós.

— Calma, Pedro! Eu já disse que acredito em você.

— Mas a Lúcia precisa saber a verdade. Como é que essa camisa foi aparecer manchada de batom?

— Pedro, meu filho! Você não está levando em conta que, além da imensa decepção que sofreu, a Lúcia está sendo influenciada por obsessores que querem atingi-los. Numa situação normal, minha sobrinha teria sido mais compreensiva, menos radical. No entanto, está sob a influência negativa de entidades inferiores que intensificaram nela os sentimentos de orgulho e ciúme. Por isso está sendo tão difícil para ela lhe perdoar.

— Eu também estive... ou ainda estou sob influenciação de Espíritos obsessores – ele admitiu com tristeza.

— Pois é! Você está enfrentando o mesmo problema. Se não fosse pelas más interferências, essa situação já teria se resolvido há muito tempo, ou nem teria ocorrido. Você sempre foi um homem sensato, teria buscado uma solução mais coerente antes de abandonar a família. Se as pessoas soubessem quantas desgraças se abatem sobre a humanidade por influência de Espíritos vingativos; crimes, suicídios, famílias destruídas, lares desestruturados...

— É verdade, dona Jacira. Agora eu consigo ter uma pálida noção sobre essas coisas.

— Sim, Pedro. São muitas ocorrências que chocam o mundo inteiro e que, por mais que procuremos, não encontramos explicações plausíveis a não ser quando passamos a admitir a interferência dos Espíritos em nossas vidas. É claro que isto não exime o homem de culpa pelas coisas que pratica. Se foi influenciado para o mal é porque permitiu, porque se afastou de Deus e deixou de agir condignamente. Mas muitos desses casos poderiam ser evitados com o conhecimento dos processos obsessivos espirituais.

— Mas, dona Jacira, eu preciso que a senhora convença a Lúcia de que não estou mentindo. Que sempre fui fiel a ela.

— Pedro, eu vou ver o que pode ser feito. Enquanto isso, ore bastante, peça ajuda, confie em Deus, em Sua justiça e bondade infinitas. Tenha um pouco mais de paciência. Continue sua assistência na Casa Espírita. Com o auxílio dos nossos amigos espirituais, logo, logo as coisas começarão a tomar o rumo certo, acredite.

— Muito obrigado pela ajuda, dona Jacira. Por favor, continue tomando conta de minha família, protegendo Lúcia. Se Deus quiser, brevemente estarei de volta ao lar – disse Pedro, não conseguindo conter as lágrimas.

— Fique tranquilo, meu filho! Estarei cuidando de tudo – sossegou-o Jacira, com brandura.

Pedro seguia firme em sua assistência espiritual e, como Nicanor havia explicado, o Espírito obsessor acompanha sempre o obsedado. Geraldo acabou, mesmo sem querer, sendo orientado juntamente com sua vítima e ouviu todos aqueles esclarecimentos desde o primeiro dia.

Relutou em continuar acompanhando Pedro à Casa Espírita, mas um fator preponderante o manteve ligado àquele ambiente. Ali, Geraldo começou a encontrar algo que buscava há muito tempo: a sensação de paz. Naquele lugar, ele experimentava uma espécie de refrigério, um grande alívio à dor da ferida que supurava em seu ventre e ao desequilíbrio opressivo, causado pelo ódio que lhe corroía por dentro.

Ao ouvir as palestras proferidas no trabalho de assistência espiritual e no tratamento de desobsessão, ao qual foi submetido juntamente com Pedro, Geraldo começou, pouco a pouco, a absorver os conhecimentos doutrinários. As orações fervorosas e as palavras fraternas dos expositores faziam-no se sentir bem. No entanto, ao sair daquele ambiente, toda a aflição que o consumia voltava com força redobrada.

Chegou um dia em que a dor do ferimento em sua barriga tornou-se insuportável. A perseguição a Pedro perdia lentamente a importância, até porque o bancário, buscando incessantemente o reequilíbrio, sobrepunha-se moralmente, elevando sua faixa vibratória, dificultando os ataques do obsessor. Sua infame posição de vingador passou a ser cada vez mais incômoda. A necessidade de buscar um sossego definitivo, de acabar com aquele tormento diuturno era para ele cada vez mais premente.

Foi por esse motivo que Geraldo passou a acompanhar, também, os trabalhos do grupo mediúnico que se reunia, na Sociedade Espírita de Assistência Rodrigues de Abreu (SEARA). Ali, a luz reconfortante, projetada pelos fluidos amorosos que se desprendiam dos corações dos médiuns o envolviam completamente. Seguia sequioso de luz e amparo, assim como um andarilho perdido no deserto segue em busca de água e sombra.

Aqueles encontros representavam um oásis perfeito, com sombra, água fresca e alimento para os Espíritos desajustados. Para lá Geraldo se dirigia sempre, impelido pelo sofrimento constante que há tanto tempo o subjugava.

Mas o orgulho e a hipocrisia são defeitos difíceis de serem vencidos. Muito antes de convencermos aos outros, tentamos convencer a nós mesmos de que tudo está bem; de que não somos fracos nem culpados pelos nossos próprios sofrimentos; de que foi sempre a má ação dos outros que nos prejudicou. É por isso que há sempre essa relutância, esse medo de enfrentar-se o julgamento, a condenação, além do tão propagado e temido "castigo divino", a partir do momento em que se assume o erro.

Esquecemo-nos de que Deus nos criou simples e ignorantes, sem privilégios, e que nos ama acima de tudo, embora ciente de nossas imperfeições. Esquecemo-nos de que, para o Criador, não há segredos. Que Ele já conhece todas as nossas faltas muito antes que as confessemos e que, ainda assim, continua nos amando e esperando que nos corrijamos. Esquecemo-nos de que o erro faz parte do nosso aprendizado, mas que é, também, um convite ao raciocínio lógico, à busca do acerto e da evolução.

Por isso, muitos preferem manter-se no campo da hipocrisia, fingindo-se desconhecedores da grande verdade e atrasando, sobremodo, o passo a passo de sua própria evolução.

Quinta Parte

A desobsessão

22 — Justiça

Deus criou todos os homens iguais para a dor; pequenos ou grandes, ignorantes e instruídos, sofrem pelos mesmos motivos, a fim de que cada um pese judiciosamente o mal que pode fazer.

ESE – Cap. XVII, Item 7

Com o êxito no trabalho de desobsessão e o afastamento gradual de Geraldo da vida de Pedro, além da positiva presença de Jacira na casa da sobrinha, onde o evangelho no lar foi implantado em definitivo, os Espíritos inferiores deram uma trégua, deixando as coisas acontecerem de modo natural. A saúde de Pedro foi se restabelecendo, assim como o seu bom humor e a antiga eficiência no trabalho.

Lúcia voltou a ser a mãe bondosa e a dona de casa atenta de sempre, embora a saudade do marido e a lembrança da suposta traição de vez em quando viessem turvar-lhe o semblante. As crianças, felizes com a presença da tia-avó, já não se queixavam tanto, apesar de viverem rezando para que o pai voltasse para casa.

Por meio de suas preces, Jacira pedia sempre que a justiça divina fosse aplicada, para que a ordem fosse restabelecida na vida daquela família, antes tão bem estruturada. Quanto mais pedia, mais se convencia de que o auxílio estava sendo providenciado e que aquela desordem toda estava com os dias contados. Tão certa estava disso, que não se surpreendeu no dia em que Lúcia a procurou para contar-lhe uma novidade.

Naquela manhã, a sobrinha recebera um telefonema de uma mulher estranha que se apresentou com o nome de Gerusa. Embora não se lembrasse de tê-la ouvido antes, Lúcia achara sua voz um pouco familiar.

— A senhora não sabe quem sou eu, dona Lúcia. Sou vizinha e amiga... Quer dizer, ex-amiga da Cilene.

— Ah, você quer falar com ela?

— Não. É com a senhora mesmo.

— Sobre o quê?

— É pra desfazer um mal-entendido, não sabe? Mas tem que ser pessoalmente e sem ela por perto.

— Olha, moça, não sei do que se trata, mas não estou interessada...

— Dona Lúcia, a coisa é muito mais séria do que a senhora pensa. Eu tenho uns troços pra lhe contar que podem mudar a sua vida, viu?

— O que é que você sabe sobre a minha vida, afinal?

— Tudo! A Cilene me conta tudo. A senhora tá separada do seu Pedro, porque acha que ele arrumou amante, não é?

— Ei! Como se atreve? Isto é um assunto pessoal...

— Eu sei, dona Lúcia. É por isso que preciso lhe falar. Eu também tô envolvida nisso. A Cilene me convenceu a dar uns telefonemas anônimos pra sua casa um tempo atrás. Disse que era por uma boa causa e eu acreditei. Falei um monte de besteiras pra senhora...

— Meu Deus! É por isso que a sua voz me lembrou alguma coisa negativa. Então era você! O que está me dizendo é muito grave...

— Sim! É o que tô tentando lhe dizer, dona. Tô arrependida. Preciso desfazer esse mal-entendido...

— Está bem... qual é mesmo o seu nome?

— Gerusa.

— Está bem, Gerusa. Pode vir hoje mesmo, após as cinco da tarde. Cilene sai às quatro e não está mais dormindo aqui.

Após ouvir o relato de Lúcia, Jacira sentiu um grande alívio. Elevou o pensamento a Deus e agradeceu emocionada.

— Lúcia, minha querida, acho que as coisas vão começar a mudar por aqui.

— Por que a senhora está dizendo isto?

— Pressentimento, minha filha.

— Lá vem a senhora com os seus pressentimentos, tia. A senhora vai estar comigo quando essa moça vier?

— Claro! Faço questão de participar da conversa.

— Obrigada, tia. Não sei o que seria de mim sem a senhora por perto.

E as duas se abraçaram sorridentes, mas Lúcia estava aflita. Afinal, o que estaria reservado para ela? Às cinco horas em ponto, Gerusa compareceu. Lúcia e Jacira a receberam na varanda. Gerusa era uma moça jovem, de aparência agradável, mas de gestos visivelmente fugazes. Estava trêmula, parecia assustada. Mascava um chiclete para disfarçar o nervosismo.

— Muito bem – disse Jacira, logo após os cumprimentos. — Melhor irmos direto ao assunto. Mas, antes, diga-nos: o que você está ganhando com isso? Por que resolveu delatar a sua amiga?

— Cilene, amiga? Aquilo é uma jararaca, dona.

— Vocês brigaram?

— Briga? Eu passei foi um corretivo nela. Só não a matei, porque não sou assassina, mas deixei ela moída. Dei uma baita surra naquela sem-vergonha.

Jacira sorriu levemente para Lúcia e piscou o olho. Estava explicada a atitude de Gerusa e, com certeza, o que ela tinha a dizer era mesmo verdade.

— Então, fale logo – pediu Lúcia.

— Dona Lúcia, a Cilene é uma mulher frustrada por ter sido largada pelo ex-marido.

— Ela me disse que o mandou embora...

— Mentira! Foi ele que não aguentou as safadezas dela. Era um homem trabalhador, honesto, saía de casa de madrugada e voltava à noitinha. Trabalhava feito um burro pra satisfazer os caprichos dela, mas a Cilene não dava valor a nada. Vivia implicando com o coitado, fazendo chacota dele, paquerando outros homens lá na favela, como se fosse moça solteira. O pobre se cansou de passar por bobo e desapareceu. Conheceu uma moça muito melhor que a Cilene, se enrabichou com ela e desapareceu. Foi por isso que ela, que era muito metida a dondoca, teve que largar o orgulho de lado e procurar emprego pra se sustentar.

— Está bem, mas fale sobre o que nos interessa – pediu Jacira.

— Eu só tô mostrando pras senhoras quem é a Cilene. Mas, vamos lá. Um tempo atrás, ela chegou pra mim e falou: "Gerusa, preciso de um favor seu. Quero que você ligue pra casa da minha patroa e diga umas coisas pra ela". Eu quis recusar, mas na época a gente era muito amiga e eu devia uns favores pra ela. Além disso, a Cilene me convenceu de que era por uma boa causa, por isso foi que eu liguei e fiz aquele monte de acusações contra o seu marido.

— Mas, se era mentira, como é que você sabia que ele não estava em casa naquela noite?

— A Cilene me contou tudo. Todo dia, fazia um relatório completo do que se passava na sua casa, porque morria de inveja da senhora. Disse que o seu marido tinha ido numa festa de aniversário. Pra dizer a verdade, eu nem conheço o seu marido, dona Lúcia. Foi a Cilene que me orientou pra fazer as coisas.

— Mas teve uma outra moça que ligou no dia anterior...

— Eu sei. Chamou seu marido de "Pedrinho". Fingiu que era amante dele e depois ficou perturbando a senhora o dia inteiro, não foi?

— Exatamente.

— Foi a Janaína. Ela se divertiu muito com aquilo. A Janaína é prima da Cilene e é alcoólatra; a infeliz vive de pileque. A Cilene deu um litro de conhaque pra ela fazer aquela maldade com a senhora.

— Meu Deus, essa mulher é muito perigosa! – exclamou Lúcia, olhando assustada para a tia que retribuiu com uma careta de espanto.

— A história ainda não acabou, dona Lúcia – disse Gerusa.

— Não?

— Isso foi só o começo. Quando seu marido saiu de casa, a Cilene comemorou pagando bebida pra todo mundo lá no boteco. Disse que tava se mudando pra um casarão luxento e que ia virar madame da sociedade. Demos muita risada do discurso dela e pensamos que fosse mentira. Mas, no outro dia, ela fechou o barraco e sumiu de lá. Aparecia só de vez em quando pra arejar a casa. Tava sempre cheirando a perfume importado e usando roupas e calçados caros. Metida, que só vendo!

— Minhas roupas.

— Só podem ser suas. Ela nunca teve dinheiro pra comprar roupas caras.

— Você emprestava roupas para ela? – perguntou Jacira.

— Não – disse Lúcia. — E ela nunca me pediu.

— É, minha filha, você vivia tão dopada por aqueles medicamentos antidepressivos que não percebia nada do que estava acontecendo à sua volta – elucidou a tia.

— Então – prosseguiu Gerusa –, quando a Cilene começou a frequentar a favela vestida daquele jeito, chamou a atenção de muita gente. Mas o que ela queria mesmo era conquistar o Miro.

— Quem é esse Miro? – perguntou Jacira.

— Ah, dona, é o meu namorado. A Cilene tentou impressionar o Miro com aquela conversa de virar madame e começou a pressionar ele pra ficar com ela. Disse que os dois iam morar num casarão onde ela mandava e desmandava. Meu namorado não aceitou, mandou ela procurar outro otário, mas ela ficou insistindo, insistindo e tanto fez que ele acabou me contando tudo. Foi aí que eu perdi a estribeira e apliquei um corretivo naquela traidora. Dei uma surra tão grande nela que cheguei a ficar com as mãos doloridas. Depois disso ela desapareceu. Deve ter ficado com vergonha.

— Mas, ela não continua morando lá no bairro? – perguntou Jacira.

— Não. Ela vendeu o barraco e se mandou pra outro canto. Depois da vergonha que passou, nunca mais botou os pés na favela.

Fez-se um grave silêncio após a explanação de Gerusa. Lúcia estava desorientada. Olhava para a moça à sua frente querendo duvidar do que acabara de ouvir, mas tudo se encaixava perfeitamente. Gerusa estava segura do que dizia. Demonstrava alegria, sentindo-se vingada.

Foi Jacira que retomou a conversa:

— Gerusa, tudo o que você está nos dizendo faz muito sentido, e nós, independentemente dos motivos que a levaram a nos procurar, agradecemos por isso. Mas, diga-nos, para encerrar este assunto de uma vez por todas: a Cilene comentou alguma coisa com você sobre uma camisa manchada de batom?

— Ah, a camisa! É verdade! Eu tinha esquecido desse detalhe. Ela me contou tudo, sim. Foi na segunda-feira, depois do final de semana que seu Pedro tinha ido à festa.

— O que foi que ela fez? – perguntou Lúcia sobressaltada.

— Quando ela foi pegar as roupas pra lavar, usou o batom dela mesma pra manchar a camisa que o seu Pedro tinha usado na festa. A Cilene fingiu que deixou a camisa cair no meio da sala pra senhora pegar. A senhora veio logo depois, viu a camisa caída, pegou, mas não levou pra lavanderia. Então ela percebeu que o golpe tinha funcionado.

— Meu Deus! O que eu fiz contra essa mulher para ela me prejudicar desse jeito? Eu acusei o Pedro injustamente. Praticamente o expulsei de casa.

— Calma, Lúcia – disse Jacira abraçando-a. — Procure se manter equilibrada.

Gerusa, vendo que seu objetivo havia sido plenamente alcançado, levantou-se.

— As senhoras me desculpem pelos transtornos.

— Não se preocupe – respondeu Jacira. — Os seus esclarecimentos foram muito importantes. Obrigada, Gerusa!

E conduziu a moça ao portão.

Quando Jacira retornou, Lúcia estava chorando.

— Fui tão injusta com o Pedro, tia.

— Não. Você foi tão vítima quanto ele, minha filha.

— Ele deve estar me odiando...

— Odiando? – e Jacira sorriu brandamente. — O Pedro nunca vai odiar você, minha querida. No coração daquele homem não existe espaço para ódio. Sabe por quê?

Vendo Lúcia movimentar a cabeça em negativa, Jacira explicou:

— Porque o amor que ele devota a você o ocupa por inteiro, não dando a menor oportunidade para o cultivo de qualquer sentimento inferior.

Lúcia deu um profundo soluço e perguntou:

— O que faço com a Cilene, tia?

— Apenas dispense-a.

— O quê? Depois de tudo o que ela fez? Ela destruiu o meu casamento, forjou provas contra o Pedro, induziu-me a acreditar em suas mentiras...

— Eu sei o que você está sentindo, minha filha, mas vingar-se de Cilene não vai ajudá-la em nada. O que parece ser força em Cilene é um flagrante sinal de fraqueza. A sua demissão já será um grande castigo. Aliás, eu tenho uma longa história para lhe contar, você está disposta a ouvir?

— Claro, tia. Pode falar.

E Jacira explicou à sobrinha tudo o que vinha se passando na vida dela. Falou da obsessão de Geraldo sobre Pedro e da porta de entrada que o desencarnado encontrou em Cilene para aproximar-se da família. Lúcia ouvia a tudo com certa incredulidade, mas atentamente.

— Tia, a senhora está me dizendo que tudo o que está acontecendo entre mim e Pedro é fruto de uma vingança imposta pelo Geraldo, mesmo depois de morto?

— Sim. Mas ele não está morto, está apenas desencarnado, ou seja, desprovido de seu corpo físico. É o que acontece a todos nós, porque não existe morte para o Espírito, apenas para a matéria. Nossos sentimentos permanecem em nós após o desencarne. Geraldo continuou cultivando o mesmo ódio que nutria pelo Pedro, enquanto encarnado.

— Que loucura, tia!

— Não é loucura, minha filha, é a mais pura realidade. O que salvou Pedro dessa obsessão foi o auxílio que ele decidiu buscar num Centro Espírita.

— O quê? O Pedro está frequentando um Centro Espírita?

— Graças a Deus! Foi lá que ele encontrou suporte para superar essa crise. Seu marido tem sido um assíduo frequentador da Casa e está se submetendo a uma assistência espiritual. E o que é mais importante, está colocando em prática os ensinamentos de Jesus. Pedro está reencontrando a fé e a esperança no futuro, por meio da Doutrina Espírita. Geraldo também está sendo orientado e, com certeza, está se conscientizando de sua atual condição, está se afastando da vida de vocês, aceitando o auxílio oferecido. Por isso estão acontecendo essas novidades em sua vida, como a vinda dessa moça à sua casa hoje, ou você acha que é tudo por acaso.

— Não sei, tia, é tão estranho.

— Não é nada estranho, Lúcia. É simplesmente a lei divina em ação. Venho orando muito para que isso ocorra. Para que as coisas se esclareçam e para que você, seu marido e seus filhos voltem a ser a família feliz que sempre foram.

— Tomara! – suspirou Lúcia.

E as duas continuaram conversando durante horas. Jacira deu uma verdadeira aula de espiritismo para a sobrinha que a tudo ouvia com muito interesse.

No dia seguinte, já refeita da revolta contra Cilene, Lúcia apenas a chamou em particular e a demitiu, pagando-lhe todos os direitos trabalhistas. A empregada já tinha conhecimento da visita de Gerusa, pois assim que a moça saiu da casa de Lúcia, foi correndo contar à Janaína o que havia feito. Janaína ligou imediatamente e avisou a prima sobre o ocorrido.

Portanto, quando chegou à casa da patroa, Cilene já sabia que seria demitida e, no fundo, torcia para que o castigo ficasse só nisto. Recebeu, constrangida, o pagamento e ia se retirando quando Jacira a chamou.

— Cilene, posso falar um pouquinho com você?

Pega de surpresa, a mulher, apesar de contrariada, não conseguiu escapar.

— Pode.

— Diga-me uma coisa, minha filha, você acredita em Deus?

— É claro que sim.

— Acredita que Ele é justo e bom?

— Não sei. Tenho minhas dúvidas quanto à Sua justiça e bondade.

— Por quê?

— Porque tem gente que vem a este mundo só pra sofrer e se decepcionar.

— Gente como você?

— Sim, gente como eu.

— E o que você tem feito da sua vida? Tem sido justa? Tem valorizado as boas coisas que Deus lhe dá? Tem feito aos outros somente o que gostaria que lhe fizessem? Tem amado indistintamente todos os seus irmãos? Tem sido motivo de concórdia e não de discórdia entre as pessoas? Tem evitado cultivar em si os sentimentos de ódio, mágoa, inveja, mentira e traição?

Cilene estava cabisbaixa, silenciosa e constrangida, o rosto em brasa.

— Responda a você mesma as perguntas que lhe fiz e talvez você conclua porque é que a vida não lhe tem sido tão boa. Ninguém pode plantar joio e colher trigo, minha filha. As colheitas que fazemos são dos frutos que nós mesmos plantamos. Pense sobre isto. Quem sabe você não começa a mudar as suas atitudes, ou seja, a escolher melhor as sementes que semeia para colher frutos mais açucarados no futuro?

Cilene, ainda cabisbaixa, começou a soluçar baixinho. As palavras de Jacira, ditas num tom de voz brando e convicto, começavam a mexer profundamente com ela.

— Me perdoem! Eu fiz tudo errado...

— Procure se consertar a partir de agora, minha filha. No próximo emprego que arranjar, faça apenas o que lhe compete profissionalmente. Evite os sentimentos negativos, evite atrapalhar a vida das pessoas, procure aproximar-se de Deus. Ele lhe ama tanto quanto a qualquer um de Seus filhos, mas é necessário que você faça por merecer esse amor. Acredite, Deus é justo e bom, mas é necessário que façamos a nossa parte, porque os sofrimentos que experimentamos em nossas vidas nada mais são do que o reflexo das nossas próprias atitudes. Vá com Deus e procure não esquecer esse conselho, pois se você começar a colocar em prática ao menos um pouco do que estou sugerindo, eu garanto que a sua vida vai melhorar muito.

Cilene foi embora abatida, levando consigo as palavras gentis, embora contundentes de Jacira. No íntimo, reconhecia que Jacira estava totalmente certa. Sabia que precisava mudar as suas atitudes. De fato, todos os sofrimentos que experimentara na vida haviam partido de suas próprias ações. A causa de seu constante mau humor era a frustração represada em si mesma. E, pela primeira vez, a moça invejosa começou a pensar em mudar seu comportamento.

Lúcia estava triste. No fundo, gostava de Cilene, pois apegara-se a ela.

— Será, tia, que os seus conselhos vão fazer algum efeito na vida dela?

— Queira Deus que sim, minha querida, pois servirá para abreviar o sofrimento dela própria. Se o que eu disse servir ao menos para fazê-la pensar, já terá sido bastante válido. A nós, só resta ficar torcendo para que tudo dê certo.

23 — O socorro

Se tu queres, Senhor, bem podes me limpar. E Jesus, estendendo a mão, tocou-o dizendo: Pois eu quero; fica limpo. E logo ficou limpa toda a sua lepra.

ESE – Cap. XIII, Item 2

Naquela noite, durante a sessão mediúnica em que Geraldo se manifestou, tentando ainda demonstrar um sentimento de mágoa para com Pedro, estava, na verdade inseguro, chamando a atenção das equipes socorristas para o seu dilema. Mas não havia necessidade alguma desse artifício. Os trabalhadores espirituais estão sempre dispostos a socorrer àqueles que pedem com sinceridade. Naquela noite, Pedro e Geraldo foram libertos das amarras mentais que os prendiam. Após a projeção das imagens, quando todos os fatos foram devidamente esclarecidos, Geraldo não teve mais como manter aquela farsa. Não dava mais para continuar forjando a condição de vítima de um amigo infiel e assassino.

Agora restavam-lhe duas alternativas: ou assumia de vez o papel de Espírito rancoroso e mantinha-se em desequilíbrio, ou admitia a culpa de seus equívocos e aceitava o auxílio oferecido pelos socorristas. A possibilidade de perdurar naquele sofrimento o fez desesperar-se e optar pela segunda alternativa.

O dirigente dos trabalhos, pedindo à equipe de médiuns que emitisse a mais profunda vibração de amor em favor dos dois, fez uma súplica para que Geraldo se livrasse do sofrimento em que se encontrava, mergulhado nas trevas do ódio e da incompreensão. Pediu fervorosamente que lhe concedessem o discernimento necessário para que pudesse perdoar e pedir perdão pelas faltas cometidas contra seus irmãos, já que somente o perdão sincero remove o ódio e todas as dores geradas por ele:

— É preciso, Senhor, que este irmão receba os esclarecimentos necessários, que entenda a sua atual condição e seja preparado para as suas futuras tarefas em busca do aperfeiçoamento. Ajude-o, Senhor! Ajude-o, por favor!

A súplica foi ouvida. Geraldo, amparado pelos socorristas espirituais, aceitou o auxílio oferecido pelos caravaneiros e seguiu com eles. Acomodado em uma maca, partiu chorando de emoção. Antes, porém, agradeceu ao doutrinador da Casa Espírita pelo socorro a ele prestado.

— Não! Não agradeça a mim! – respondeu o médium. — Agradeça a Jesus! Agradeça ao nosso Irmão Maior!

E fez uma sincera oração agradecendo a todos os benfeitores que se dedicam ao trabalho de socorro aos Espíritos sofredores que habitam as duas esferas da vida.

O Centro Espírita estava completamente lotado naquela noite. Pedro trazia em seu íntimo uma sensação diferente. Estava se sentindo especialmente feliz, embora não houvesse nenhum motivo aparente para isso. Ao vê-lo sorrindo, cumprimentando com alegria as pessoas, Nicanor se aproximou e disse:

— Salve, Pedro! Sua aura está iluminada hoje.

— Engraçado, seu Nicanor, estou me sentindo extremamente feliz e, na verdade, não aconteceu nada de especial comigo.

— Como é que pode ter tanta certeza? Você se esquece que nós pertencemos a duas dimensões, meu amigo? Nós sabemos das coisas deste plano, mas o que estará acontecendo no outro?

— O senhor tem toda razão, seu Nicanor. De repente, os amigos do lado de lá estão me reservando alguma surpresa, não é?

Nicanor abraçou carinhosamente o amigo. A mudança estampada no semblante de Pedro, desde que iniciara sua assistência na Casa, era impressionante. Parecia outro homem, totalmente revigorado, alegre e esperançoso.

— A sua assistência espiritual termina hoje, meu irmão, mas a sua jornada em nosso meio está apenas iniciando – disse-lhe, mais tarde, o dirigente da Casa.

— Como assim?

— É necessário que você fique conosco; que estude a Doutrina Espírita e que se prepare para trabalhar na importante seara de Jesus.

— É tudo o que eu mais quero! Vou adorar trabalhar com os senhores e ajudar a proporcionar aos meus irmãos necessitados o mesmo benefício que aqui encontrei – respondeu Pedro com convicção.

— Nesse caso, seja muito bem-vindo! E que Deus o abençoe!

Pedro foi contar a novidade para Nicanor.

— Descobri o motivo de estar especialmente feliz hoje.

— É mesmo? Posso saber do que se trata?

— Fui convidado para trabalhar com vocês, aqui no Centro. Estou muito feliz e ansioso, não vejo a hora de começar.

— Que bom, meu querido! Também fico feliz em tê-lo como companheiro de trabalho espiritual. Sempre notei em você um potencial muito grande e, se o mentor o convidou, é porque eu estava certo.

— Devo-lhe tudo isso, seu Nicanor.

— A mim você não deve nada. Tudo o que fiz foi convidá-lo. Só deu certo porque você aceitou o convite. Portanto, o responsável pelo que está lhe acontecendo é você mesmo.

— Por falar em convite, acabei de receber inspiração para convidar uma pessoa para vir conhecer o

Centro. Ocorreu-me agora que essa pessoa deve ser médium e precisa de orientação.

— Ótimo, faça o convite, mas não se chateie se a pessoa não aceitar de imediato. Muita gente só aceita o convite depois de muito sofrimento, infelizmente.

— Sei bem como é isto, seu Nicanor. O que me trouxe aqui não foi outra coisa.

E Pedro estava decidido, no dia seguinte teria uma conversa esclarecedora com o Marcelo.

Horas antes, havia ocorrido um clima de grande expectativa na casa de Lúcia. Jacira e os meninos ajudaram-na a escolher um belo vestido para a ocasião. Ela estava linda, mas muito nervosa.

— Tia, não tenho certeza de estar fazendo a coisa certa. Não seria melhor convidar o Pedro para vir aqui?

— E perder a oportunidade de fazer-lhe uma surpresa? Nem pensar!

— Mas, tia, e se ele não gostar?

— Deixe de ser boba, Lúcia! Ele vai adorar a surpresa. Agora vá, o táxi está lhe esperando há um bom tempo. Tome, aqui está o endereço do Centro Espírita – e Jacira entregou-lhe um pedaço de papel.

À porta, as crianças abraçaram a mãe, com euforia.

— Mamãe, você vai trazer o papai de volta? – perguntou Henrique.

Lúcia sorriu para o filho.

— Se Deus quiser, meu querido! Fique rezando para tudo dar certo, está bem?

Quando já estava dentro do táxi, Jacira a chamou:

— Espere, Lúcia! Quase ia me esquecendo. Isto pertence a vocês, leve.

E entregou-lhe uma minúscula caixinha. Lúcia abriu e quando viu do que se tratava, seu rosto se iluminou com um belo sorriso.

— Oh, tia! Você é maravilhosa!

— Vá com Deus e boa sorte, querida!

Durante o trajeto, Lúcia reviveu mentalmente todos os momentos importantes de sua vida ao lado de Pedro, desde a infância, e ficou bastante emocionada. Com sentimentos de expectativa e insegurança a inquietar-lhe a alma, pediu a Deus que tudo desse certo naquela noite.

24 — Epílogo

Se pudésseis entender a multiplicidade das relações que aproximam os seres uns dos outros, para o seu mútuo progresso, admiraríeis muito melhor a sabedoria e a bondade do Criador, que vos permite reencarnar para chegardes a Ele!

ESE – Cap. XIII, Item 19

Após o encerramento das atividades no Centro Espírita, Pedro ia se retirando quando uma mão feminina pousou em seu ombro. Antes mesmo de se virar, percebeu de quem se tratava.

— Lúcia!?

Sua voz soou trêmula, seus olhos se iluminaram e os batimentos cardíacos intensificaram-se.

— Oi, Pedro, vim conhecer o Centro Espírita. Tia Jacira me deu o endereço – disse ela, visivelmente tensa.

— Está aqui há muito tempo?

— Desde o início – ela apontou para a última fileira de bancos. — Fiquei sentada lá atrás.

— Por que não falou comigo antes?

— Não quis incomodá-lo, pois você estava tão concentrado...

Pedro abriu os braços como se, com este gesto, abarcasse todo o ambiente.

— Encontrei muita coisa boa por aqui, Lúcia!

— Eu sei. Tia Jacira andou me contando as novidades.

Ele acenou vigorosamente com a cabeça.

— Dona Jacira é uma mulher maravilhosa. Ela ficou com as crianças?

— Sim.

Houve um breve silêncio entre eles, até Pedro perguntar:

— E você, como está?

Lúcia mostrou-se triste.

— Não muito bem.... Podemos conversar em algum lugar?

— Sim! É claro que podemos!

Saíram juntos. A noite estava morna e agradável. Ambos estavam emocionados, as pernas um pouco bambas, corações em descompasso. Dirigiram-se a uma praça próximo dali, onde havia um contagiante clima de festa. Crianças corriam e brincavam em torno de um carrossel bastante iluminado, o cheiro de pipoca e algodão-doce espalhava-se pelos ares, casais trocavam carícias e uma música animada enchia o ambiente de alegria. Sentaram-se em um banco, sob uma árvore.

— Por que você disse que não está muito bem? Problemas de saúde? – perguntou Pedro.

— Não necessariamente. Meu mal é peso de consciência mesmo. Não consigo me perdoar pela injustiça que cometi contra você.

— Injustiça? – ele perguntou muito sério. — Aconteceu alguma coisa que eu ainda não saiba?

Lúcia acenou a cabeça confirmando.

— Graças a Deus, aconteceu! Eu descobri tudo, Pedro. A Cilene forjou todas as provas que me levaram a acreditar ter sido traída por você. Na ocasião, eu fiquei cega pelo ciúme e agi de modo irresponsável. Estou muito arrependida, sei que não sou digna de ser perdoada, mas... – a voz estava embargada, as palavras saíam com dificuldade — se for possível, gostaria muito que você me desse uma nova oportunidade.

O bancário a encarou com incredulidade. Mais uma vez compreendia o porquê de estar se sentindo tão bem naquele dia. Carinhosamente, aninhou o rosto de Lúcia entre suas mãos. Molhados pelas lágrimas, os olhos dela brilhavam sob a luz multicolorida que o carrossel projetava em seu rosto.

— Não, meu amor! Não me peça perdão, porque não há necessidade. Guarde suas lágrimas para os momentos de felicidade que nos esperam. Vamos esquecer as coisas ruins do passado e voltar nossos olhos somente para o futuro, está bem?

— Que bom, Pedro! Você não está com raiva de mim?

— Não se pode odiar e amar ao mesmo tempo, Lúcia. Tenho aprendido muito nos últimos tempos e não tenho mais dúvidas de que o único sentimento que sempre me manteve ligado a você, desde a infância, é o amor! Sei que nossa relação é muito especial, provém de outras encarnações. Nosso compromisso ultrapassa a esfera material, e nós jamais seremos completamente felizes se não estivermos juntos.

— Também estou procurando me instruir espiritualmente, com o auxílio da tia Jacira.

— Ótimo, querida! Porque daqui por diante incluiremos em nossas vidas o estudo do evangelho e a prática da caridade. Vamos cuidar de nosso crescimento moral e conduzir nossos filhos pelo mesmo caminho.

— Oh, Pedro, como é bom lhe ouvir incluindo a mim e aos nossos filhos em seus projetos.

— Vocês sempre fizeram parte da minha vida, meu amor. Nunca deixei de amá-los e estou muito convicto do compromisso assumido no plano espiritual para orientar e conduzir os filhos que Deus nos confiou para o caminho do bem.

Entre sorridente e chorosa, Lúcia disse:

— Já que você falou em compromisso, quero lhe mostrar uma coisa.

— O que é? – ele perguntou curioso.

Lúcia tirou de dentro da bolsa a caixinha que recebera da tia, abriu-a, pegou dois pequenos objetos e os colocou na palma da mão, exibindo-os com indisfarçável orgulho.

— Quer casar comigo? – perguntou com um sorriso ingênuo.

Pedro os pegou com cuidado e também seus olhos se encheram de lágrimas ao ver do que se tratava.

— Lúcia! Você ainda as possui? São as nossas alianças de junco!

— Sim, meu amor! Nossos anéis de compromisso. Tia Jacira guardou para nós e os devolveu num momento muito especial.

Abraçaram-se e se beijaram calorosamente. Naquele momento voltaram a sentir a força extraordinária do imenso amor que há tanto tempo os unia.

— Vamos para casa, querido – sussurrou Lúcia nos ouvidos de Pedro. — Nossos filhos estão ansiosos, esperando a sua volta.

E saíram dali de mãos dadas, os corações repletos de amor. Era o início de uma nova fase em suas vidas; trilhariam um caminho seguro e harmônico, embasado na fé e nos valorosos preceitos da doutrina de Jesus, a qual professariam com extrema convicção.

À medida que se afastavam, o alarido da praça ia ficando para trás, mas outra festa muito especial estava acontecendo naquele exato momento, no plano espiritual. Uma alegria contagiante envolvia os bons Espíritos que, irmanados pela solidariedade, comemoravam o bom êxito de sua tarefa e, elevando a Deus os mais puros sentimentos de gratidão, O louvavam por sua magnífica providência.